D1164911

MITOS,
CUENTOS Y LEYENDAS
DE LOS CINCO CONTINENTES

MITOS,
CUENTOS Y LEYENDAS
DE LOS CINCO CONTINENTES

NARRADOS POR JOSÉ MANUEL DE PRADA

ILUSTRADOS POR LUIS FILELLA

EDITORIAL JUVENTUD, S. A.
Provença 101 - 08029 Barcelona

© Texto: José Manuel de Prada Samper, 1995
© Ilustraciones: Lluís Filella García, 1995
© EDITORIAL JUVENTUD, S. A.
Provença, 101 - 08029 Barcelona
www.editorialjuventud.es
info@editorialjuventud.es
Cuarta edición, 2002
ISBN: 84-261- 2960-9
Depósito legal: B. 34.425-2002
Núm. de edición de E. J.: 10.1090
Impreso en España - Printed in Spain
Limpergraf, c/. Mogoda, 29 - 08210 Barberà del Vallès

A la memoria de Luis Maristany

ÍNDICE

INTRODUCCIÓN

*Una tonada es más perdurable
que el canto de los pájaros,
y un cuento es más perdurable
que toda la riqueza del mundo.*
Proverbio irlandés

Los indios kogi de Colombia cuentan que, hace mucho tiempo, la planta del tabaco era una persona. A esta persona le gustaba mucho escuchar cuentos, y por ello andaba siempre con el oído pegado a las paredes de las casas, para no perderse detalle de las historias que en ellas se contaban. A causa de esta afición, la Diosa Madre transformó al tabaco en la planta que es hoy día, e hizo que creciera siempre cerca de las paredes de las casas, para que pudiera escuchar los cuentos sin perderse ni uno. Este sencillo relato viene a apoyar la idea defendida por algunos estudiosos según la cual los seres humanos tienen tanta necesidad de escuchar historias como del aire que respiran, idea apoyada también por el hecho de que no existe grupo humano, por pequeño o «primitivo» que sea, que no tenga su acerbo de cuentos, leyendas y cantares, y no se deleite en hacer uso de él a la menor oportunidad.

Pero si la propia tradición oral apoya la idea de que el ser humano no puede vivir sin cuentos, también nos dice que los propios cuentos, sin la colaboración de las personas que los disfrutan, tampoco pueden vivir. Ahí está, por ejemplo, el cuento coreano que se incluye en estas páginas, y que nos habla de lo que le sucedió a un muchacho que no quería compartir con los demás los cuentos que le contaban: los cuentos no narrados se sienten prisioneros y deciden vengarse de su atormentador. Es evidente, como nos enseña esta historia coreana, que el fin de los cuentos es ser contados, una y otra vez, transformándose y enriqueciéndose con cada nueva narración. Los cuentos viven también en el corazón del público que los escucha atentamente, los aprende y los atesora, para luego narrarlos otra vez y perpetuar un ciclo que no debería conocer un final. Quien sabe cuentos y no los narra, los está matando. Por otra parte, digamos que la idea de que los cuentos son como personas que merecen nuestro respeto no es exclusiva de la tradición oriental. Se diría que algunos pueblos indígenas de Norteamérica piensan algo parecido. Así, los narradores inician sus recitales con frases como estas: «Es como si un hombre caminara», «Aquí vive mi cuento», «Aquí acampa mi historia». En California, cuando un narrador ha terminado de recitar, ordena al relato que regrese a su cueva.

Estamos acostumbrados a la idea según la cual los cuentos son un mero pasatiempo al que se puede recurrir en cualquier momento y de cualquier manera. Esto contrasta con la actitud de otros pueblos, como por ejemplo los indios de Norteamérica. En muchas culturas del norte del Nuevo Mundo, las narraciones, al menos algunas, sólo podían contarse durante la noche, y únicamente en invierno, pues, si se las recitaba durante el verano, podía suceder que las serpientes se introdujeran en la casa, o se le metieran a uno dentro del lecho. Entre los indios salish de la costa, en el estado de Washington, tanto el narrador como sus oyentes debían yacer tendidos en el suelo, pues si no les saldría una joroba entre los hombros. En California se creía que el solo hecho de pensar en cuentos durante el día era susceptible de convertirlo a uno en jorobado.

Se tiende también a pensar en los cuentos sin tener en cuenta a las personas que los contaron, arguyendo que cualquier cosa que sea tradición oral es «obra de todo el pueblo» y que, de hecho, lo de menos es quién haya podido contar una historia determinada. Esto es completamente falso pues, sin duda, a pesar de que la tradición misma es muy antigua y se ha ido formando y puliendo gracias a la aportación anónima de todos cuantos han contribuido a transmitirla, lo cierto es que cada narrador deja su impronta en los cuentos que narra y es, en cierto modo, el autor de sus propias versiones. Esto nos lleva a plantearnos la nada baladí pregunta: ¿*quién* narra los cuentos en una determinada sociedad?

En Europa, al menos en lo que a relatos en prosa se refiere, la figura del narrador profesional completamente entregado a su arte, y que recita para ganarse la vida, desapareció hace bastante tiempo, aunque sabemos que en los distintos países del mundo celta existía ese tipo de profesional. Fuera de Europa, la figura del narrador especializado sigue viva, como por ejemplo en Marruecos, donde todavía es posible asistir a recitales de cuentos en las plazas públicas y en los mercados. Estos contadores de cuentos marroquíes, que también se encuentran en otros países del mundo árabe, son artistas itinerantes que recitan sobre todo en lugares muy concurridos, y viven, en buena medida, de lo que les dan sus oyentes. En otros pueblos, existen narradores —a veces más parecidos a los antiguos juglares de la Europa medieval que a lo que entendemos por un contador de cuentos—, que forman una verdadera casta aparte, adscrita sobre todo a las cortes de jefes y reyes. Un ejemplo lo proporcionan los *jeli* mande, del África Occidental, que dicen haber gozado siempre de privilegios especiales. Según un estudioso, los *jeli* son cronistas e intérpretes de la historia de su pueblo, así como de las genealogías y tradiciones de familias y linajes concretos. En el repertorio de estos bardos, que todavía siguen existiendo, se encuentra el famoso *Poema de Son-Jara*, una de las epopeyas más grandiosas de África.

El recital de cuentos no es un mero arte de la palabra. En muchas tradiciones va acompañado de una compleja dramaturgia que, inevitablemente, se pierde no sólo en la página impresa, sino también en las historias registradas con grabadora. En todas las culturas, el buen narrador de cuentos es un consumado actor que encarna ante el auditorio a cada uno de los personajes de su relato, adoptando distintos tonos de voz, alterando su expresión facial y recurriendo a toda clase de gestos cada vez que la narración lo exige. Una testigo de los recitales realizados por cierto narrador bosquimano (el mismo que narró los dos cuentos de Mantis incluidos en este libro) explica que, a pesar de no entender ni una palabra de lo que se contaba, «era delicioso contemplar los elocuentes gestos del narrador y *sentir* más que saber lo que ocurría». En un cuento determinado, en el que un pájaro-ogro intentaba comerse a unos niños y era finalmente derrotado por el héroe, el narrador describía gráficamente el destino final del malvado ser: «El ruido horrible que hacía el monstruo, y sus estertores finales sobre una piedra caliente, momento en que [el narrador] se daba palmadas en la boca y se balanceaba presa de la agonía, no podían haber sido mejor plasmados».

Los estudiosos actuales prestan mucha atención a las ocasiones en que la gente se reúne para contar y escuchar historias. Los típicos recitales nocturnos alrededor del fuego son comunes a casi todas las culturas, pero existen otras muchas circunstancias que propician la narración de historias. Así, en algunos lugares de Europa, los velatorios constituían un marco habitual para contar cuentos, pues solían ser muy prolongados y reunir a mucha gente. Las pausas en las labores agrícolas, los trabajos monótonos y sedentarios, o la estancia forzosa en lugares como hospitales, cuarteles o prisiones, son otras oportunidades clásicas en las que un buen narrador no tarda en encontrar oídos atentos para sus relatos. En las llamadas culturas «primitivas» las narraciones se recitan también alrededor del fuego, o durante un descanso en el trabajo de la jornada. Sin embargo, en algunos de estos pueblos, los mitos y los cuentos son mucho más que un mero pasatiempo, y a menudo revisten un carácter sagrado. En tales casos, se incluyen en el contexto de rituales o ceremonias, por ejemplo en los ritos de paso, o las festividades que marcan el cambio de las estaciones.

Aunque, por lo general, en cualquier lugar del mundo los cuentos son patrimonio de toda la comunidad, existen culturas, por ejemplo en América del Norte, en las que al menos algunas narraciones son propiedad de ciertos clanes cuyos miembros son los únicos que tienen derecho a recitarlas. Los tinglit de la costa noroeste del Pacífico llegan al extremo de considerar los mitos como una posesión más. En la propia Europa nos

12

han llegado noticias de narradores que protegían celosamente sus mejores cuentos, y utilizaban todos los medios a su alcance para evitar que otros contadores de historias se los apropiaran. Sabemos también de un anciano narrador irlandés que, en su lecho de muerte, hizo llamar a un colega al que, con sus últimas fuerzas, transmitió el cuento más preciado de su repertorio.

En suma, todas las naciones ven los cuentos como una parte esencial de su patrimonio más íntimo, y no es vana la idea según la cual, si se quiere conocer el espíritu de un pueblo, lo mejor es comenzar por aprender sus cuentos.

La mayoría de los relatos aquí incluidos pertenecen a la categoría de los llamados mitos. Los mitos son historias que nos hablan de los orígenes del mundo y de todo lo que en él se encuentra, así como de cualquier cosa que pueda afectar al ser humano. Por ejemplo hay mitos que narran cómo el mundo adquirió su aspecto actual y de qué manera fueron creados los seres humanos. Otros explican cómo surgió la noche, y qué hubieron de hacer los primeros pobladores del mundo para encontrar el fuego. Hay relatos que no explican el origen de ninguna cosa concreta, pero cuya acción transcurre en el principio de los tiempos, y por tanto pueden considerarse como mitos.

Los mitos son quizá el legado más valioso que hemos recibido de otras culturas y otros tiempos, pues a través de ellos tenemos un acceso, aunque muchas veces sea sólo intuitivo, a unos modos de ver el universo y relacionarse con él que, de otra manera, nos estarían vedados. Por eso, los mitos, tanto los que nos legaron civilizaciones pasadas como los que siguen vivos en boca de muchos pueblos del mundo entero, continúan siendo una fuente muy importante de reflexión y de inspiración para poetas, filósofos y artistas. En Europa, y también en otros lugares del mundo, los mitos que la tradición oral ha podido conservar han quedado reducidos a la condición de meros cuentos, de relatos ficticios que se narran como entretenimiento. En cambio, para otras culturas, los mitos son sagrados, y constituyen una explicación perfectamente legítima del porqué de las cosas.

Como ya se ha dicho, no hay pueblo sobre la faz de la Tierra que no tenga su propio acervo de relatos de todo tipo. Sin embargo, normalmente, las historias que llegan a un público amplio suelen ser patrimonio de las culturas más populosas y conocidas, dando a veces la impresión de que sólo esos pueblos cuentan historias. Para este libro, he preferido dar cierta preferencia a los cuentos narrados por pueblos pequeños y marginados, algunos de ellos casi desconocidos fuera de los círculos eruditos, pero que poseen unas literaturas orales que nada tienen que envidiar a las de las grandes naciones del planeta. Muchos de estos pueblos han sufrido, y en no pocos casos siguen sufriendo, tremendas adversidades. Otros, como los xam, los yana o los selknam fueron completamente exterminados de la manera más cruel, víctimas de la codicia y la inhumanidad de quienes invadieron sus territorios, en un pasado dolorosamente cercano. Al incluir sus cuentos en estas páginas, quiero contribuir a que la memoria de estos pueblos no quede borrada completamente de nuestras conciencias.

Por último, unas palabras sobre los criterios que han guiado la confección de este libro. Todos los cuentos que lo componen han sido tomados de publicaciones que los recogían directamente de la tradición oral. En ningún momento he utilizado adaptaciones previas, sino que siempre he narrado mi propia versión sobre la base del material disponible recogido de primera mano, intentando respetar los rasgos esenciales de cada relato. No ha sido nunca mi intención imprimir a todos los cuentos un estilo similar sino que, al contrario, he procurado siempre que, en la medida de lo posible, el lector pudiera apreciar la singularidad de cada relato y de cada pueblo.

JOSÉ MANUEL DE PRADA SAMPER

14

OCEANÍA

Y MIENTRAS TODAVÍA ESTABA ENFADADO SE PUSO EN CAMINO.
(Meamei, las siete hermanas)

MEAMEI, LAS SIETE HERMANAS
(Aborígenes de Nueva Gales del Sur, Australia)

Wurrunnah llegó a su campamento cansado y hambriento después de una larga jornada de cacería. Pidió a su vieja madre que le diera algo de comer, pero ella dijo que no tenía nada. Después pidió algo a sus compañeros, pero nadie quiso darle nada. Entonces Wurrunnah montó en cólera y dijo:

—¡Vaya! Mi propia gente quiere matarme de hambre. Pues ahora me iré a algún país lejano y viviré con extraños.

Y, mientras todavía estaba enfadado, Wurrunnah se puso en camino. Recogió sus armas y se alejó de su casa, buscando un nuevo pueblo en un país diferente.

Anduvo y anduvo, hasta que, ya muy lejos, vio a un anciano que estaba recogiendo miel silvestre. El anciano volvió el rostro hacia Wurrunnah, pero cuando éste estuvo cerca vio que aquel hombre no tenía ojos, aunque parecía llevar mucho rato observándole. Wurrunnah sintió miedo de aquel sujeto sin ojos que, sin embargo, parecía estar mirándole. De todos modos, decidió ocultar su temor y dirigirse directamente al desconocido.

—¿Quién eres tú? —le preguntó.

—Yo soy Murunumildah —respondió el viejo.

—Dime, ¿todo tu pueblo es así?

—Claro. Nosotros no tenemos ojos, pero vemos por la nariz.

Wurrunnah pensó que todo aquello era extrañísimo, y aún sentía algo de miedo, pero Murunumildah parecía hospitalario y solícito. Además, al verlo tan hambriento le dio un trozo de corteza lleno de miel, y le dijo que fuera a su campamento, donde podría obtener más comida. Wurrunnah aceptó la invitación y echó a andar hacia donde había señalado el anciano, pero cuando perdió a éste de vista juzgó que lo mejor sería ir en otra dirección.

Wurrunnah siguió caminando, y al cabo de un tiempo llegó hasta una gran laguna, junto a la cual decidió acampar. Tomó un trago largo de agua y se acostó. A la mañana siguiente, al levantarse, miró hacia la laguna, pero vio que allí no había más que una enorme llanura. «Debo estar soñando», se dijo, y frotándose los ojos, volvió a mirar.

—Éste es un país extraño —dijo—. Primero me encuentro con un hombre sin ojos que, sin embargo, puede ver. Después, por la noche, veo una laguna llena de agua que, a la mañana siguiente, ha desaparecido. Estoy seguro de que estaba aquí, porque anoche bebí un buen trago, pero ahora no hay ni una gota de agua.

Mientras meditaba cómo el agua había podido desaparecer tan deprisa, vio que se acercaba una fuerte tormenta. Wurrunnah se apresuró a refugiarse en el monte bajo. Apenas se había adentrado en los matorrales cuando, tirados por el suelo, vio muchos trozos de corteza.

—Esto está bien —dijo—. Buscaré unos palos largos y con ellos y esta corteza me fabricaré un refugio para protegerme de la tormenta.

Wurrunnah cortó rápidamente los palos que le hacían falta, y los clavó en el suelo como armazón para su refugio. Después fue a recoger la corteza, y cuando la levantaba del suelo vio el objeto más extraño que nadie hubiera contemplado nunca.

—¡Yo soy Bulgahnunnu! —gritó el objeto, en un tono tan terrorífico que Wurrunnah dejó caer la corteza, recogió sus armas y salió corriendo lo más rápido que le llevaron los pies, olvidando por completo la tormenta. Lo importante era dejar a Bulgahnunnu lo más atrás posible.

Corrió y corrió, hasta llegar a un gran río. Era un río demasiado ancho como para cruzarlo, así que decidió dar media vuelta, pero no volviendo sobre sus pasos, sino en otra dirección. Cuando se disponía a

18

alejarse del río, Wurrunnah vio una manada de emús que se acercaban al agua. Algunos emús estaban cubiertos de plumaje, pero otros no llevaban encima ni una sola pluma. Aquello era de lo más extraño, pero Wurrunnah tenía hambre, así que decidió cazar a una de las aves para comérsela. Con este fin, trepó a un árbol para no ser visto. Mantuvo su lanza lista para matar a uno de los emús sin plumas. Cuando los grandes pájaros pasaron por su lado, escogió el que más le gustaba, le arrojó la lanza y lo mató. Después, bajó del árbol para hacerse con su presa. Cuando se acercaba al lugar donde había caído, Wurrunnah se dio cuenta de que aquéllos no eran emús en absoluto, sino seres humanos como él, miembros de una tribu extraña. Ahí estaban todos, alrededor de su compañero muerto, gesticulando salvajemente, discutiendo cómo se vengarían. Wurrunnah vio que de poco le serviría excusarse diciendo que había matado a aquella persona al confundirla con un emú. Su única esperanza radicaba en la fuga. Una vez más puso pies en polvorosa, sin apenas atreverse a mirar hacia atrás por miedo a ver a un enemigo a sus espaldas. Corrió y corrió, hasta llegar a un campamento en el que se metió casi sin darse cuenta, pues estaba tan preocupado por huir del peligro que no se había fijado en lo que tenía delante.

Sin embargo, en aquel campamento no tenía nada que temer, pues en él no había más que siete muchachas. Su aspecto no era en absoluto terrible. Al contrario, ellas parecían más asustadas que él. Cuando se enteraron de que éstaba solo y hambriento se mostraron muy amistosas. Le dieron comida y le permitieron acampar allí durante aquella noche.

Él les preguntó dónde estaba el resto de su gente, y cómo se llamaban. Ellas dijeron que su nombre era Meamei, y que su tribu estaba en un país lejano. Sólo habían ido allí para ver cómo era aquel lugar. Se quedarían un tiempo y después volverían a su lugar de origen.

Al día siguiente, Wurrunnah se despidió de las hermanas e hizo como que reemprendía su camino. Pero su intención era esconderse y observar qué hacían las muchachas, con el fin de aprovechar la primera oportunidad para hacerse con una de ellas y tomarla por esposa. Estaba cansado de viajar solo.

Desde su escondite, Wurrunnah observó a las siete hermanas partir en busca de comida, cada cual provista de un palo para excavar raíces y tubérculos. Él las siguió de lejos, procurando que no lo vieran. Observó entonces cómo se detenían junto a un nido de sabrosas hormigas voladoras. Cuando las hermanas hubieron desenterrado las hormigas se sentaron a disfrutar del festín, dejando a un lado sus palos.

Mientras las siete muchachas estaban ocupadas comiendo, Wurrunnah se acercó subrepticiamente a sus palos de cavar y robó dos de ellos, para después volver a su escondite. Cuando, por último, las Meamei hubieron satisfecho su hambre, cogieron sus palos y se encaminaron a su campamento. Pero sólo cinco pudieron encontrar sus palos. Aquellas cinco se pusieron en camino y dejaron que sus dos hermanas buscaran sus palos, imaginando que estarían cerca y que las dos no tardarían en darles alcance. Las dos muchachas miraron por todas partes alrededor del hormiguero, pero no pudieron encontrar sus palos. Finalmente, cuando vio que le daban la espalda, Wurrunnah se acercó con cuidado y clavó los dos palos en la tierra, volviendo después a su escondrijo. Cuando las dos muchachas se dieron la vuelta vieron que allí, delante de ellas, estaban los palos. Contentísimas, intentaron arrancarlos de donde estaban firmemente clavados. Estaban en eso cuando, de pronto, Wurrunnah saltó de su escondite y tomó a las dos muchachas por la cintura, sujetándolas firmemente. Ellas gritaron y patalearon, pero fue en vano. Nadie podía oírlas, y cuanto más luchaban más fuerte las agarraba Wurrunnah. Cuando se dieron cuenta de que de nada servía resistirse, las dos mujeres se calmaron.

—No tengáis miedo —les dijo Wurrunnah—. Vosotras seréis mis esposas y yo os cuidaré. Sabéis, estoy muy solo y necesito compañía.

Las dos Meamei lo miraron torvamente y no dijeron nada.

—Vamos, vamos —insistió Wurrunnah—. Venid conmigo por las buenas y yo seré amable con vosotras. De lo contrario, os tendré que dar de golpes.

—Está bien —dijeron ellas, al ver que era inútil resistirse—. Pero recuerda lo que te decimos: que algún día vendrá nuestra gente y nos liberará.

evitar toda persecución. Transcurrieron varias semanas y, en apariencia, las dos Meamei parecían resignadas a su suerte y adaptadas a su nueva vida. Exteriormente parecían satisfechas, pero cuando estaban solas las muchachas hablaban de sus hermanas y especulaban sobre qué habrían hecho al darse cuenta de su desaparición. «¿Nos seguirán buscando? —se preguntaban—, ¿o habrán vuelto con los demás para buscar ayuda?» En ningún momento les pasó por la mente que pudieran olvidarlas y dejarlas abandonadas con Wurrunnah.

Un día, cuando hubieron acampado, Wurrunnah dijo:

—Este fuego no arde bien. Id a coger un poco de corteza de esos dos pinos que hay ahí.

—No —respondieron ellas—. No podemos cortar corteza de pino. Si lo hacemos, no volverás a vernos.

—¡Haced lo que os digo! Quiero esa corteza. ¿No veis que el fuego arde muy mal?

—Wurrunnah, si vamos no volveremos jamás. Nunca volverás a vernos en este país. Lo sabemos.

—¡Basta ya de charla! ¿Habéis visto alguna vez que las palabras hicieran arder el fuego? ¿Entonces, por qué os quedáis aquí hablando? Haced lo que os digo y no digáis tonterías. Caso de escaparos, os alcanzaría pronto, y sabríais lo que es bueno. ¡Idos y no habléis más!

Las Meamei se pusieron en camino, tomando antes sus hachas de piedra para cortar la corteza. Cada una se dirigió a un árbol distinto y cada una, asestando un fuerte golpe, clavó el hacha en el tronco. Nada más hacerlo, las muchachas notaron que el árbol en el que habían clavado su hacha se hacía más y más alto, llevándolas consigo. Muy, muy altos se hicieron los pinos. Al no oír más golpes después del primero, Wurrunnah se acercó a los pinos para ver qué demoraba a las muchachas. No tardó en ver que los pinos se hacían más altos ante sus propios ojos, y que, agarradas al tronco, estaban sus dos esposas.

—¡Eh, vosotras dos! —gritó—. ¡Bajad aquí ahora mismo!

Pero las muchachas no respondieron. Mientras, los pinos se hicieron más y más altos, hasta que sus copas tocaron el cielo. Y, en ese momento, las cinco Meamei, que estaban en el firmamento, llamaron a sus hermanas.

—No tengáis miedo —dijeron—. Venid con nosotras.

Las dos muchachas, al oír a sus hermanas, treparon hasta lo más alto del árbol. Cuando llegaron a la copa de los árboles las cinco hermanas extendieron sus manos y las ayudaron a unirse a ellas, en el cielo. Y allí siguen viviendo. Por la noche, si miráis atentamente al firmamento, las veréis. Los hombres blancos las llaman Pléyades, pero para nosotros serán siempre las Meamei.

Los aborígenes australianos llegaron a la gran isla-continente hará cerca de 40 000 años. Son cazadores y recolectores nómadas que viven en un entorno natural tremendamente hostil y poseen una vida ritual muy rica y compleja.

EL HOMBRE QUE QUISO CONOCER A LA LUNA
(Kíwai, Papúa Nueva Guinea)

Una día, dos hombres se pusieron a discutir si el Sol y la Luna eran una única persona, o dos personas diferentes.

—Te equivocas —decía uno—. Son dos personas distintas.

—No, no —insistía el otro—. Te digo que son la misma persona.

Como ninguno quería dar su brazo a torcer, la discusión se acaloró, y los dos hombres se comenzaron a dar de golpes. Terminada la pelea, el hombre que decía que el Sol y la Luna eran personas distintas quedó tendido en el suelo, dolorido y magullado. Al pobre le daba tanta vergüenza haber llevado las de perder que decidió encontrar la casa de Ganúmi, la Luna, y salir definitivamente de dudas. Así que se dirigió a la orilla del mar, montó en su canoa y se puso a remar en dirección al lugar por donde sale la Luna. Navegó día y noche, adentrándose cada vez más en el mar, hasta que, finalmente, llegó a la casa de la Luna. En aquel momento la marea estaba baja, así que arrastró la canoa orilla adentro y luego se sentó en ella.

Al cabo de un rato apareció Ganúmi. Como eran días de luna nueva, Ganúmi tenía entonces el aspecto de un niño pequeño.

—Bienvenido a mi hogar —dijo—. Por favor, te ruego que vengas conmigo.

Pero el hombre no quiso creerse que aquél era verdaderamente Ganúmi y se negó en redondo a apearse de la canoa.

—No —dijo en tono firme—. Tú eres un niño pequeño. Yo quiero que Ganúmi, la Luna, venga personalmente a invitarme.

—¡Pero si yo soy Ganúmi! —insistió el pequeño—. Vamos, desembarca.

—Nada de eso —repuso el hombre—. Yo quiero a un hombre mayor, y tú eres un pequeñajo. No. No puedes ser Ganúmi.

Y se quedó en la canoa con los brazos cruzados.

Pasaron unos días y la Luna se hizo más grande. Ganúmi volvió a presentarse ante el hombre, esta vez con el aspecto de un muchacho joven.

—Vamos, ¿es que no vas a bajar nunca de esa canoa? —preguntó—. Yo, Ganúmi, te invito a mi casa.

Pero el hombre seguía en sus trece, y replicó:

—Muchacho, ya le dije al niño que vino el otro día que yo quiero ver a Ganúmi, y que sea él quien venga a invitarme. Así que no me muevo de aquí.

Pasó más tiempo. Ganúmi se convirtió en todo un hombre, y una abundante barba le cubría la cara. Con ese aspecto, fue a ver al viajero, que seguía obstinadamente montado en su canoa.

—Te lo ruego —le dijo con gran cortesía—. Desembarca y ven conmigo. Eres mi invitado.

Pero el hombre seguía sin creerse que aquél fuera Ganúmi.

—No, no —replicó—. Ya se lo he dicho a los otros. Yo a quien quiero ver es a Ganúmi.

—¡Pero si yo soy Ganúmi! —exclamó el otro.

Pero no hubo nada que hacer, así que se marchó.

Al cabo de pocos días, Ganúmi volvió a la orilla del mar para intentar que su invitado desembarcara. Esta vez era ya un hombre entrado en años, cuyo cabello comenzaba a cubrirse de canas.

—Acompáñame, por favor —le dijo al hombre de la canoa—. Yo soy Ganúmi y quiero que vengas a mi casa.

—¿Cómo? ¿Tú Ganúmi? ¡Ni hablar! Yo quiero que el Ganúmi de verdad venga aquí para invitarme.

Finalmente, Ganúmi apareció en forma de un hombre muy viejo que caminaba con la ayuda de un bastón.

—¡Al fin! —dijo el hombre, que ya comenzaba a cansarse de esperar—. ¡Tú sí que eres Ganúmi!

Y, tras apearse de su canoa, siguió a su huésped, que le llevó a ver sus dominios. Primero le enseñó un lugar donde todo era blanco. La casa, la tierra, las plantas, nada había allí que no fuese blanco.

—Todo esto —dijo Ganúmi—, es mío.

Después le llevó a otro lugar. Allí todo era negro como la pez.

—Este lugar es de Dúo, la Noche.

Por último, Ganúmi llevó a su invitado a un lugar en el que todo era rojo.

—Esto —explicó—, es de Hiwío, el Sol. Cuando Noche vuelve a su casa, el Sol sale desde aquí.

A continuación, Ganúmi llevó al hombre a su casa y allí comieron juntos. Cuando hubieron terminado, Ganúmi dijo:

—Ahora verás cómo asciendo hasta el cielo. Primero surge Noche, y yo voy detrás. Después, cuando los dos hemos vuelto a nuestra casa, sale el Sol. Como ves, Sol y Luna son personas distintas.

Dicho esto, Ganúmi trepó por un alto árbol y desde allí se lanzó hacia el cielo. Se posó al borde de una nube y todo el lugar quedó inundado por sus rayos. El hombre, después de ver aquello, pensó: «Bien, está claro que yo tenía razón. La Luna y el Sol son personas distintas, así que el otro tipo estaba equivocado».

Aquella noche el hombre no durmió sino que estuvo paseando por la casa de la Luna. Se fijó en que allí no crecía nada, salvo arbolitos y arbustos, pues el lugar estaba demasiado cerca del sitio de donde surgen la luz y el calor.

Comenzó a clarear el alba. La Luna seguía en el cielo, pero no tardó en salir el Sol. Ganúmi volvió a la casa y le dijo a su invitado.

—Bueno, ¿has visto ya cómo son las cosas por aquí?

—Sí, he podido ver a la Luna, el Sol y la Noche; creo que ya puedo volver a mi casa.

Pero antes de que regresara, Sol, Luna y Noche obsequiaron al hombre con un fruto de sus respectivos huertos. El fruto de Sol era rojo, el de Luna blanco y el de Noche negro.

Entonces, Ganúmi le dijo al hombre:

—Espera a que se ponga el Sol y yo esté en lo alto. Yo te tenderé mi soga y tú la atarás a tu canoa. De este modo, mientras me desplace por el cielo, te arrastraré hasta tu casa. Una vez lleguemos allí tira de la cuerda y yo me detendré. Cuando vuelvas a tirar de ella la recogeré, pero antes enséñasela a los tuyos. Enséñales también los frutos que te hemos dado y nadie dudará de que has estado aquí.

Al anochecer, Ganúmi le tendió al hombre su soga y éste la ató a su embarcación. Después, juntos se desplazaron sobre las aguas, hasta llegar al hogar del hombre. Éste, cuando vio que ya estaba en su casa, tiró de la soga. La Luna se detuvo. El hombre convocó entonces a los habitantes de su aldea, sin olvidar al hombre con el que había discutido. Entonces les explicó que había estado en el hogar de la Luna, el Sol y la Noche, contó lo que había visto allí y mostró los frutos que le habían dado.

—Todo esto prueba —insistió—, que el Sol y la Luna son dos personas diferentes, y que con ellos hay una tercera persona, la Noche.

Sin embargo, como notaba cierto aire de duda en el rostro de la gente, el hombre señaló hacia la cuerda.

—Mirad —dijo—, con esta soga Ganúmi me ha traído hasta aquí. Esta cuerda pertenece a la Luna, y ahora voy a devolvérsela.

Así que desató la cuerda de la canoa y tiró de ella. Al instante, se oyó un gran estallido, y, ante el asombro de todos, Ganúmi comenzó a recoger su cuerda hasta hacerla desaparecer en el cielo. Después de eso, el hombre invitó a los demás a probar los frutos que le habían dado. Al principio la gente no quiso ni tocarlos, temiendo que fueran venenosos, pero el hombre les aseguró que eran buenos, así que todo el mundo tomó un poco.

Los kíwai viven en la parte oriental de lo que hoy es Papúa Nueva Guinea, a orillas del Pacífico. Como todos los pueblos papúas los kíwai son fundamentalmente agricultores.

QUAT
(Islas Banks, Melanesia)

En el principio de los tiempos existía Quatagoro, una piedra. Un día, aquella piedra se partió en dos y de su interior salieron doce hijos.

Nada más nacer, los doce hermanos eran ya mayores y sabían hablar.

—¿Cómo me llamo, madre? —preguntó el que primero había nacido.

Pero su madre no supo decírselo, pues es el padre quien debe darle nombre a su hijo, y aquellos hermanos no tenían padre. Así que el primogénito se nombró a sí mismo, y hoy lo conocemos por el nombre que se dio entonces: Quat.

Apenas vio la luz, Quat se dio cuenta de que en el mundo faltaban muchas cosas, así que puso manos a la obra y creó los árboles y las rocas, las fuentes y los ríos, los pájaros y los reptiles y muchas cosas más.

Pero todavía faltaba algo, ¿quién disfrutaría de todo aquello? Quat decidió crear a los seres humanos. Cortó pedazos de cierto árbol y con ellos hizo brazos y piernas, troncos y cabezas. A estas últimas les añadió ojos y orejas. Después unió cada una de las partes. Seis días estuvo trabajando Quat en aquellos muñecos. Cuando los hubo terminado estableció que al cabo de seis días más tendrían vida. Durante tres días los tuvo ocultos y durante tres días más se esforzó por darles vida. Tras sacar a los muñecos de su escondite Quat los puso ante sí y danzó ante ellos. Los muñecos se movieron, pero muy poco. Quat tocó el tambor, y vio que los muñecos se movían un poco más que antes. De este modo logró Quat que los muñecos cobraran vida, y pudieran alzarse por sí mismos. Aquéllos fueron los primeros seres humanos.

Había tres hombres y tres mujeres. Quat los dividió poniendo los hombres a un lado, y dándole a cada uno una mujer.

—A partir de ahora —dijo Quat—, seréis marido y esposa.

Marawa, otro ser poderoso que entonces vivía en el mundo, había visto a Quat darles vida a los muñecos, y decidió imitarle. Tomó madera de un árbol distinto e hizo con ella seis muñecos. Durante seis días se esforzó por darles vida. Igual que Quat, danzó y tocó el tambor ante ellos, y los muñecos se movieron. Pero cuando vio que se movían, Marawa, que no era precisamente muy listo, cavó un hoyo, cubrió el fondo con ramas de cocotero y en él sepultó durante seis días más a los hombres y mujeres que había creado. Al cabo de ese tiempo, cuando volvió a abrir el hoyo, Marawa vio que los hombres y mujeres ya no se movían; habían comenzado a pudrirse y olían mal, así que Marawa tuvo que dejarlos enterrados. De ese modo la muerte se introdujo en el mundo. Si Marawa no hubiese sido tan estúpido, los hombres no morirían.

Durante todo este tiempo, el mundo estaba inundado de luz, pues Quat había creado todo menos la oscuridad. A él aquello no le parecía mal, pero sus hermanos estaban muy insatisfechos.

—¡Eh, Quat! —le dijeron un día—. Esto no tiene ninguna gracia. Aquí no hay más que luz, luz por todas partes y a todas horas. ¿No podrías hacer algo?

Quat se puso a meditar sobre el problema. Después de hacer indagaciones descubrió que en el otro extremo del mundo, donde se alza el cielo, vivía I Quong, la Noche, y que allí estaba lo que buscaba. Así que Quat tomó un cerdo y lo puso en su canoa. Después se montó en ella y zarpó rumbo al horizonte. Remó y remó, hasta que, finalmente, llegó al lugar donde el cielo toca la tierra.

Una vez allí, I Quong salió a recibirle y le obsequió como a un invitado de honor.

—Bueno —dijo una vez hubo cumplido con todos los ritos de la hospitalidad—, supongo que habrás venido aquí por algún motivo.

—En efecto —repuso Quat—. En el sitio de donde vengo no hay más que luz, y no conocemos la oscuridad ni el descanso. Como sé que tú eres el dueño de esas cosas, he venido a comprártelas para llevarlas conmigo.

—¿Y qué me darás a cambio de la noche y el sueño? —preguntó I Quong.

—He traído conmigo un cerdo, ¿te parece un precio justo?

—Muy bien —dijo I Quong—. Para comenzar, toma este recipiente. Contiene una parte de mí mismo. Cuando lo abras en tu mundo, anochecerá. En cuanto al sueño, tiéndete en este lecho que he preparado. Cuando la luz desaparezca, notarás una gran pesadez en tus ojos. No te preocupes. Déjate llevar, y dormirás.

Quat obedeció, y durante muchas horas durmió plácidamente. Cuando despertó, I Quong le enseñó cómo hacer el alba. Quat volvió entonces a la orilla y se dispuso a abordar su canoa. Antes de partir, I Quong le dio un pájaro.

—Toma este pájaro. Es un gallo. Cuando lo oigas cantar, sabrás que ha llegado el amanecer.

Quat regresó a su casa lo más aprisa que pudo. Allí le esperaban sus hermanos.

—¡Rápido! —les dijo nada más llegar—. Preparad vuestros lechos, pues pronto anochecerá.

Sus hermanos no sabían de qué les estaba hablando, así que él les enseñó a hacerse una cama con ramas y hierbas. Hasta entonces, el sol permanecía siempre en su cenit, inmóvil. Pero ese día, gracias a los conocimientos que había traído Quat, el astro se fue desplazando poco a poco, hasta que llegó un momento en que comenzó a hundirse en el horizonte, hacia el oeste.

—¡El sol se va! —exclamaron los hermanos al darse cuenta—, ¡el sol se está yendo!

—No tardará en desaparecer. Cuando veáis cambiar la faz de la tierra sabréis que el día ha terminado.

Entonces Quat abrió el recipiente que I Quong le había dado y dejó que de él saliera la noche.

—¿Qué es eso que surge del mar y está cubriendo todo el cielo? —preguntaron sus hermanos, aterrados.

—Es la noche —repuso Quat—. Ahora id a vuestros lechos y cuando sintáis algo en los ojos acostaos y no os mováis.

Sus hermanos le obedecieron y, al tiempo que la oscuridad lo cubría todo, notaron que sus ojos se hacían pesados y parpadeaban.

—¡Quat, Quat! —gimieron—, ¿qué pasa?, ¿vamos a morir?

—Cerrad los ojos —dijo su hermano—. Os estáis durmiendo. Eso es lo que pasa.

Cuando la noche hubo durado lo suficiente, cantó el gallo y los pájaros comenzaron a piar. Quat tomó entonces un trozo de obsidiana roja y con él cortó la noche. Con tonos rojizos, la luz que había estado cubierta por la oscuridad volvió a brillar y a extenderse por el cielo, y los hermanos despertaron.

Así, gracias a Quat, el mundo conoce la noche, el sueño y el descanso.

Las islas Banks están situadas al norte de las Nuevas Hébridas y, cultural y geográficamente, forman parte de la gran región oceánica conocida como Melanesia. Al igual Maui, el semidiós polinesio que conoceremos más adelante, Quat es un personaje travieso y juguetón, y sobre él se cuentan innumerables historias.

LOWA, EL CREADOR
(Islas Marshall, Micronesia)

Hace mucho, mucho tiempo, no existía más que el océano. Entonces el dios Lowa descendió hasta las aguas y, entonando un murmullo mágico ordenó que surgieran todas las islas. Lowa volvió al cielo e hizo que cuatro dioses bajaran hasta la isla de Ailinglaplap. Desde allí, cada uno de aquellos dioses se marchó en una dirección diferente. Uno hacia el oeste, otro hacia el este, otro hacia el sur y el último hacia el norte. Hacia el oeste fue el más importante de los cuatro, el Ordenador de la Vida, cuyo deber es que surjan las plantas, los pájaros y los demás seres vivos. Hacia el este fue Lokumran, que produce el amanecer. Hacia el sur fue Lorok, que controla los vientos. Hacia el norte fue el Ordenador de la Muerte.

Cuando cada uno de estos dioses estuvo en la posición que le correspondía Lowa envió a un quinto dios para que colocara las islas Marshall en su lugar correcto. Este dios metió las islas en una cesta y, una a una, las puso sobre el mar, allí donde debían estar, disponiéndolas en dos hileras. Cuando el dios iba de Ailinglaplap a Jaluit una de las islas, Namorik, cayó de la cesta. Aquel dios no se preocupó de ponerla donde le correspondía. Por eso, hoy día, Namorik no está bien alineada con las demás islas. El dios colocó Jaluit, después Ebon, y por último arrojó la cesta, que se convirtió en la isla de Kili. Así terminaron de formarse las Marshall.

Entonces Lowa ordenó a otros dos dioses que fueran a Ailinglaplap para tatuar a todos los seres creados. Sí, tenían que tatuarlos a todos: peces, aves, hombres, a todas las criaturas que caminaban o se movían. De este modo todos los animales obtuvieron sus señales características. Así se inició también la costumbre de tatuar a las personas según su rango.

Todos los seres del mundo acudieron a Ailinglaplap para ser tatuados. Desde Bikini vino una canoa cargada de personas, animales y peces. Entonces aún no había velas, pero cada canoa tenía una parte llamada «pez», que hacía que se moviera. El «pez» de aquella canoa la empujó hasta Wotho, pero allí vivía un fantasma que arponeó el «pez» y acabó con él, de modo que a partir de entonces los navegantes tuvieron que remar para seguir avanzando. Cuando aún no habían llegado a Ailinglaplap la gente estaba tan cansada que ya nadie quería achicar el agua. Tras llegar a un lugar llamado Buoj, ya cerca de su destino, la canoa se hundió y sus ocupantes tuvieron que abandonarla. Los pájaros echaron a volar, y todos los demás se pusieron a nadar para alcanzar la costa. Todos menos la rata, que nadaba fatal y casi se ahoga. Cuando estaba debatiéndose sobre la aguas, a punto de irse al fondo, se acercó el pulpo y le dijo:

—Amiga mía, deja que te ayude.

El pulpo puso a la rata sobre su cabeza grande y redonda y la llevó hasta la orilla. Una vez allí, justo antes de saltar a tierra, la rata ensució de mala manera la cabeza del pulpo.

—¡Ja, ja! —exclamó entonces la rata—. ¡Mira lo que he puesto en tu cabeza!

Al oír aquello el pulpo se palpó la cabeza y allí descubrió algo verdaderamente desagradable. Furioso, el pulpo nadó hasta la orilla, pero como no podía caminar por la tierra le fue imposible atrapar a la rata. Por eso, desde ese día, el pulpo detesta a la rata.

Finalmente, la rata obtuvo su tatuaje, pero fue el último de todos, y el tinte estaba ya muy aguado. Por eso el tatuaje de la rata es tan malo y de color gris, y la rata siempre parece sucia. Pero todos los demás consiguieron un buen tatuaje.

Todos los seres del mundo recibieron su tatuaje, y a cada pez, animal y pájaro le fue asignado un nombre. Ahora correspondía al Ordenador de la Vida encargarse de que todos los seres fructificaran y se perpetuaran. En cambio, el Ordenador de la Muerte llama a su lado a cada una de las criaturas cuando decide que ha llegado su hora. Cuando alguien que ha sido llamado muere, es siempre enterrado cerca del agua, en cualquiera de los lados del atolón, aunque casi siempre en el lado de la laguna. Pasados tres o seis días, el alma se separa de la tumba y se dirige a Nako, un pequeño islote cerca de Mille. Antes de que el alma pueda entrar en la isla debe cruzar un canal lleno de grandes peces. Todos los que allí llegan deben dar ese salto. La gente mala no logra alcanzar el otro lado y se hunde sin remedio en el agua, donde es devorada por los peces. Los buenos saltan sin dificultad y llegan a la morada de los espíritus, donde nunca les falta comida. Después de estar un tiempo allí, las almas siguen viaje hasta reunirse con el Ordenador de la Muerte.

Las islas Marshall están situadas en el norte del Pacífico y constituyen el extremo noroeste de la Micronesia. Los treinta y cuatro atolones coralinos que forman el grupo se extienden en dos hileras paralelas llamadas Ratak, «amanecer» y Ralik, «ocaso». Las dos cadenas de atolones comprenden más de 1 200 islas e islotes. Antes de su contacto con los europeos, los habitantes de las Marshall vivían de la pesca y la agricultura.

EL HIJO DEL SOL
(Fiji)

Hace mucho tiempo, vivía en Tonga un gran jefe que tenía una única hija. Aquella muchacha era de tal belleza que su padre la ocultó a los ojos del mundo para que nadie la mirara, pues aún no había conocido al hombre que pudiera considerarse digno de ser su esposo.

De modo que el jefe levantó junto a la playa una gran empalizada, alta y ancha, y allí acudía su hija a bañarse. Cada día, la muchacha se bañaba en el agua salada, y cada día se iba haciendo más y más bella, hasta que llegó un momento en que, entre las hijas de los hombres, no había ninguna tan hermosa como la hija de aquel jefe. Después de bañarse, la muchacha acostumbraba a tenderse sobre la arena limpia y blanca que había dentro de la empalizada, para descansar un rato y secar su cuerpo. Sucedió que el Sol se fijó en ella y, al verla, se enamoró perdidamente y la acarició con sus rayos. De modo que, al cabo de un tiempo, la muchacha dio a luz a un niño al que llamó Hijo del Sol, pues su padre no era otro que el poderoso astro del día.

El niño creció, y se convirtió en un muchacho robusto y apuesto. También era orgulloso y altivo, y acostumbraba a pelearse con los otros muchachos. Un día, sus compañeros hicieron algo que fue de su desagrado, e Hijo del Sol les zurró de tal manera que los muchachos se volvieron contra él y le dijeron:

—¿Y tú quién eres, Hijo del Sol? ¿Por qué hemos de aguantar tus golpes? *Nosotros,* sabemos quién es nuestro padre, pero *tú,* tú no tienes padre.

Al oír aquello el muchacho montó en cólera, y con gusto hubiera arremetido todavía más contra sus compañeros. Pero estaba tan enfurecido que era incapaz de moverse o de articular palabra, y sus ojos se llenaron de lágrimas. Entonces se dio la vuelta y corrió hasta su casa, y viendo que allí estaba su madre la cogió del brazo y le gritó:

—¿Qué significa lo que me han dicho los chicos del pueblo? Dicen que no tengo padre. ¿Quién es mi padre?

—Calla, hijo —le dijo su madre—. Los chicos del pueblo son unos mentirosos. No dejes que sus palabras te afecten, pues tu padre es un jefe mucho más poderoso que el suyo.

—Entonces, ¿quién es mi padre? —insistió el muchacho.

—¿Quiénes son esos para despreciarte? Sus padres son hombres, pero tú eres hijo del mismo Sol. Él es tu padre.

Y entonces su madre le explicó toda la historia de su nacimiento. Hijo del Sol se alegró mucho al oír aquello, y secó las lágrimas de sus mejillas.

—¡Los desprecio! —exclamó—. ¡Desprecio a esos hijos de hombres! Ya no pienso hablar más con ellos. Adiós, madre, voy a buscar a mi padre.

Dicho esto, Hijo del Sol, se puso en camino. En vano lo llamó su madre a sus espaldas. Sólo le quedó ver como se introducía en el bosque y desaparecía de su vista, para siempre jamás.

El muchacho atravesó el bosque hasta llegar a la playa. Una vez allí preparó su canoa, tejió una vela con fibras de cocotero y cuando subió la marea botó la embarcación y partió en busca de su padre, el Sol.

Había amanecido cuando desplegó sus velas y enfiló hacia el este, donde se levanta el Sol. Pero, a medida que navegaba, el astro se alzó más y más, y aunque él gritó para llamar su atención, su padre no le oyó. Entonces el muchacho viró y enfiló hacia el oeste, hacia donde el Sol se dirigía, pero aunque el viento soplaba con fuerza llegó demasiado tarde, pues su padre se sumergió bajo las aguas antes de que él pudiera acercarse lo bastante como para dirigirle la palabra. Así, el muchacho se quedó solo en medio de las aguas.

«Bueno —pensó entonces—, en el este mi padre emerge de las aguas. Volveré allí y le esperaré.» De modo que viró nuevamente y durante toda la noche navegó hacia el este y cuando clareaba el alba vio al Sol muy cerca de él, justo en el momento en que se alzaba sobre las olas.

—¡Padre, padre, aquí estoy! —gritó.

—¿Y tú quién eres? —preguntó el Sol, sin detenerse.

—Soy Hijo del Sol —exclamó el muchacho—. Tú me conoces, pues yo soy tu hijo. Deténte un rato y habla conmigo.

—No puedo quedarme —dijo el Sol, elevándose más y más—, pues los hijos de la tierra ya han visto mi rostro y debo seguir mi camino. ¡Si hubieras venido un poco antes!

—Padre, quédate —insistió Hijo del Sol—. Aunque los hijos de la tierra te hayan visto puedes ocultar tu rostro tras una nube y acercarte a mí.

El Sol rió y dijo:

—Eres verdaderamente sabio, hijo mío. Grande es tu inteligencia aunque no seas más que un muchacho.

Y, dicho esto, el Sol llamó a una nube, y oculto tras ella descendió hasta donde estaba su hijo. Una vez a su lado le preguntó por su madre y habló con él de muchas cosas.

—Debo irme —le dijo al poco tiempo—, pero escucha, hijo mío, lo que voy a decirte. Quédate por aquí hasta que la noche se cierna sobre las aguas. Entonces verás a mi hermana, la Luna, que es tu tía. Cuando ella comience a surgir del mar, llámala y dile que te dé una de las dos cosas que custodia. Una de ellas se llamaba «Melaia», la otra «Monuia». Pídele Melaia, y ella te la dará. Recuerda mis palabras y cúmplelas al pie de la letra, pues si me desobedeces atraerás sobre ti grandes males.

Dicho esto, el Sol surgió de detrás de la negra nube y, en la tierra, los hijos de los hombres se alegraron y se dijeron unos a otros:

—¡Qué raro, hoy el Sol asciende más lentamente que otros días!

Hijo del Sol recogió sus velas y acostándose sobre los pliegues durmió hasta el anochecer. Cuando llegó la oscuridad se despertó y, desplegan-

do las velas, se dirigió al lugar por donde la Luna se levanta y llegó allí antes de que su tía pudiera surgir de las aguas.

—¡Aparta, aparta, hijo de la tierra! —exclamó la Luna—, o la afilada proa de tu canoa rasgará mi rostro.

Hijo del Sol apartó ligeramente su embarcación con el timón, de manera que casi rozó el rostro de la Luna. Después, sin previo aviso, dejándose impulsar por el viento, navegó junto a su tía y, agarrándola con fuerza, le dijo:

—Te equivocas, yo no soy un hijo de la tierra. Mi nombre es Hijo del Sol y soy tu sobrino.

—¿De verdad eres el Hijo del Sol? —preguntó la Luna, muy sorprendida—. Es algo maravilloso. Pero suéltame, sobrino, pues me haces daño.

—¡Ah! —dijo el muchacho—, pero si te suelto te marcharás, y entonces, ¿cómo obtendré de ti lo que mi padre me dijo debía pedirte?

—No te preocupes, sobrino, pues no me marcharé. La verdad es que me alegro de que estés aquí. Pero afloja un poco tu presa, porque lo cierto es que me duele.

Hijo del Sol aflojó su presa.

—Dime —prosiguió la Luna—, ¿qué te dijo tu padre que me pidieras?

Bien, resulta que Hijo del Sol había resuelto desobedecer a su padre. Pues lo cierto es que, además de altivo, era un muchacho desobediente y obstinado. Así que dijo:

—Mi padre me comunicó que debía pedirte Monuia.

—¡Monuia! —exclamó su tía, muy asombrada—. ¿No será posible, sobrino, que recuerdes mal las palabras de tu padre? ¿No te diría que me pidieras Melaia?

—Por supuesto que no —repuso el muchacho, con gran convicción—. Me dijo que tú debías quedarte con Melaia, y que Monuia debía ser para mí.

—Eso es muy extraño —dijo la Luna para sí, cavilosa—. No creo que el Sol odie al muchacho y desee acabar con él. Sin embargo, debo obedecer su mandato. Bien —prosiguió, dirigiéndose a su sobrino—. Será como tú dices. Tendrás Monuia. Sabes, es una cosita muy pequeña. Está aquí, envuelta en este paño. Ahora la pondré en otro envoltorio y la ataré con un cordel, dándole muchas vueltas, para que no pueda soltarse. Tómala, sobrino, pero recuerda mis palabras: no sueltes el cordel, ni deshagas el envoltorio mientras estés en el mar. Despliega tu vela de inmediato y dirígete a Tonga. Sólo cuando hayas llegado podrás mirar Monuia, pero no antes, o caerá sobre ti un gran mal.

Dicho esto, la Luna se despidió de su sobrino y ascendió al cielo. Al verla, quienes navegaban mar adentro gritaron jubilosos y dijeron:

—¡Allí está nuestra amiga, la Luna! Sólo nosotros, los navegantes, sabemos lo buena que es.

Hijo del Sol desplegó su vela y puso rumbo a Tonga.

Navegó toda aquella noche, y el día siguiente, y la noche que vino después, hasta que al amanecer del segundo día avistó tierra. Entonces no le fue posible esperar más, pues Hijo del Sol era muy impaciente. Así que tomó el paquete que su tía le había dado y deshizo el cordón que lo ataba. Desenrolló el paño, pliegue tras pliegue, hasta que tuvo Monuia en sus manos. Era una concha de madreperla de una belleza inimaginable. No era blanca como las conchas de nuestra tierra, sino de un rojo brillante, como nadie había visto antes, y como nadie ha visto después. Hijo del Sol se alegró muchísimo al pensar en cuánto le envidiarían los muchachos de su aldea cuando vieran aquello colgando de su cuello. Pero mientras contemplaba absorto el objeto, oyó cómo el agua se agitaba a su alrededor, y levantando la vista vio una muchedumbre de criaturas marinas de todas clases nadando hacia él: ballenas y delfines, tortugas y peces, toda clase de seres, en gran multitud. Y los peces saltaron sobre él deseosos de hacerse con Monuia, y en un instante la canoa se hundió bajo las aguas, y los tiburones desgarraron al muchacho, y acabaron con él.

Así terminó el Hijo del Sol, a causa de su desobediencia. Y así se introdujo la muerte en el mundo. Pues si el muchacho le hubiera pedido a la Luna que le diera Melaia, como su padre, el Sol, le había ordenado, hoy día los hombres seríamos como la Luna, y tendríamos el don de la vida eterna.

Tanto por su cultura como por su lugar en el mapa, las islas Fiji ocupan una posición intermedia entre la Polinesia y la Melanesia. Previamente a su contacto con los europeos, los fijianos eran cultivadores y pescadores.

MAUI, EL DE LOS MIL ARDIDES
(Maoríes de Nueva Zelanda)

Maui es el gran semidiós de la tradición mitológica polinesia, y en todas las islas de esa vasta región se conocen sus hazañas y también sus travesuras, pues Maui es de esos héroes que tienen algo de embaucador y de niño travieso, y no pierden la oportunidad de hacer de las suyas, a costa de quien sea.

Dicen que, al nacer Maui, su madre lo envolvió en un mechón de su cabello y lo arrojó a la espuma que cubría el oleaje. El cuerpecito flotó sobre las aguas, mecido por las olas, y al poco quedó cubierto de algas. Los vientos del océano lo empujaron de nuevo a la orilla, y allí las blandas medusas de las playas arenosas lo rodearon para protegerlo. Entonces miles de moscas se posaron sobre él, y bandadas de pájaros revolotearon a su alrededor, queriéndolo picotear. Hasta que apareció su antepasado, Tama-nui-ki-te-Rangi y vio a pájaros y moscas congregados alrededor de aquel fardo extraño. El anciano espantó a insectos y aves, y apartó a las medusas y las algas. Grande fue su sorpresa cuando vio que allí había un ser humano. Tama-nui-ki-te-Rangi crió a Maui en su casa. Cuando el niño creció fue en busca de sus padres y sus hermanos, pero ésa es una historia que contaremos en otro momento. Baste saber que Maui se convirtió en un gran héroe, cuyas hazañas se contaban de uno al otro confín del océano. Escuchad ahora dos de sus más notables proezas.

Hace mucho tiempo, el Sol recorría el cielo tan velozmente que los días eran muy cortos, y los seres humanos apenas podían realizar las tareas necesarias para su subsistencia. Hasta que un día, Maui, que ya había hecho muchas proezas y había alcanzado gracias a ellas una gran fama, decidió poner fin a esta situación.

—Vayamos adonde vive el Sol —dijo Maui a sus hermanos—, y con un lazo tendámosle una trampa, para obligarlo a caminar más despacio y que los hombres tengan así tiempo para trabajar y procurarse su sustento diario.

—¡Tú estás loco! —objetaron sus hermanos—. ¿Cómo piensas acercarte a él? Nadie se le puede aproximar, tan poderoso y ardiente es su calor.

—Escuchadme —dijo entonces Maui, con gran seriedad—. ¿Acaso no he demostrado ya de sobras que soy un gran héroe? ¿No es cierto que todo el mundo habla de mis hazañas? No lo dudéis, si hay alguien capaz de capturar al Sol con un lazo, ése soy yo.

Tanto insistió que, finalmente, sus hermanos se dejaron persuadir.

—Lo que necesitamos —añadió entonces Maui—, es una cuerda muy larga y resistente, para que el Sol, una vez haya caído en nuestra trampa, no pueda soltarse.

De modo que, entre todos, reunieron montones y más montones de lino, y, una vez tuvieron todo el que necesitaban, que fue mucho, se pusieron a trenzar una cuerda lo bastante fuerte como para capturar a tan temible adversario. Terminada la cuerda, reunieron provisiones para el largo viaje que les aguardaba y se pusieron en camino. Maui, naturalmente, llevó consigo su maza encantada, que le hacía invencible.

Viajaron durante toda la noche y, cuando amaneció, se detuvieron en el desierto a reposar, ocultándose para que el Sol no los viera. Cuando anocheció, reanudaron el viaje, y antes del alba volvieron a detenerse. De este modo, avanzando siempre hacia el este, recorrieron un largo camino, y sólo se detuvieron después de llegar al borde del sitio donde se levanta el Sol.

Pusieron entonces manos a la obra, y a cada lado de aquel lugar levantaron un largo y alto muro de barro, con una cabaña de ramas a cada

extremo, donde poder esconderse. Cuando hubieron terminado, prepararon el lazo y lo colocaron en el lugar adecuado.

—Ocultaos bien —advirtió Maui a sus hermanos—, y cuidad de que el Sol no os vea. Si se da cuenta de que estáis ahí, se asustará. Esperad pacientemente hasta que su cabeza y sus patas delanteras hayan pasado por el lazo. Cuando yo grite, tirad de las cuerdas con todas vuestras fuerzas y yo saldré para atacarle. Vosotros mantened tensas las cuerdas, y no dejéis que el Sol os conmueva con sus gritos lastimeros.

Dicho esto, Maui se ocultó en uno de los extremos del muro de piedra y sus hermanos en el otro.

Finalmente, el Sol comenzó a asomar, como un fuego que se extiende a lo largo y ancho de bosques y montañas. Sacó la cabeza y, sin darse cuenta de lo que hacía, la pasó por el lazo, y poco a poco comenzó a introducir su cuerpo más y más en la trampa.

—¡Ahora! —gritó Maui, y sus hermanos tiraron con todas sus fuerzas de la cuerda.

El Sol quedó prisionero, y comenzó a debatirse, pero los hermanos de Maui lo tenían bien cogido y no estaban dispuestos a soltarlo.

Entonces el valiente Maui salió de su escondrijo, armado con la maza mágica y se abalanzó sobre su enemigo.

—¿Por qué me hacéis esto? —gimió el Sol—. ¿Por qué queréis matarme a mí, el Sol?

—No quiero matarte —le dijo Maui—. Pero debes darte cuenta de que caminas demasiado deprisa, y apenas tenemos tiempo para hacer nuestras labores diarias. Necesitamos más horas de luz para cazar y pescar, para construir y arreglar nuestras casas y celebrar nuestras ceremonias.

Pero el Sol siguió resistiéndose, aunque Maui no dejaba de golpearle con su maza. Mucho tiempo duró la lucha, pero finalmente las cuerdas se aflojaron, y Maui y sus hermanos dejaron libre a su enemigo. Pero el Sol estaba malherido, y ya no podía caminar tan deprisa como antes. Sí, a partir de entonces, el Sol se arrastró lenta y débilmente por el cielo, y los días se hicieron largos, como ahora, y gracias a eso podemos trabajar y entretenernos bajo la luz del día, antes de que caiga la noche.

Realizada esta hazaña Maui y sus hermanos regresaron a casa y moraron allí durante largo tiempo. Cada día, los hermanos del héroe salían de pesca para procurarse el sustento, mientras el propio Maui permanecía en casa sin hacer nada, aunque tenía que escuchar las regañinas y protestas de sus hijos y esposas, que le reprochaban que no pescara para ellos ningún pez. Entonces díjoles Maui:

—No os preocupéis, ni vosotras ni vuestros hijos tenéis nada que temer. ¿Acaso no he realizado toda clase de cosas? Y esta pequeñez de buscaros comida, ¿pensáis que no soy capaz de ella? Vaya, si he de traeros un pez será uno tan grande que cuando lo arrastre a tierra no os lo podréis comer todo, y el sol brillará sobre él y lo pudrirá antes de que os lo terminéis.

Entonces Maui se puso a reforzar su anzuelo encantado, y, cuando estuvo listo, lo ató a un fuerte sedal.

Mientras, los hermanos de Maui ajustaron bien los correajes de su canoa, preparándose para salir de pesca. Cuando todo estuvo listo botaron la embarcación, y, tan pronto estuvo a flote, Maui saltó a su interior. Pero sus hermanos, que temían sus encantamientos, exclamaron:

—Vamos, vuelve a salir, no dejaremos que nos acompañes; tus artes mágicas nos podrían poner en algún aprieto.

De modo que Maui se vio obligado a quedarse en la orilla, mientras sus hermanos se alejaban remando. Cuando llegaron a mar abierto dejaron los remos y se pusieron a pescar. Transcurrida una jornada de diversión volvieron a tierra.

Aquella misma noche, cuando nadie le veía, Maui fue cautelosamente hasta la orilla y, tras introducirse en la canoa de sus hermanos, se ocultó bajo las tablas del fondo. A la mañana siguiente, los hermanos del héroe fueron a la playa para salir nuevamente de pesca, botaron la canoa y comenzaron a remar. Cuando estaban ya lejos de la orilla, salió Maui de su escondrijo. Nada más verlo, sus hermanos dijeron:

—¡Vaya! Será mejor que volvamos cuanto antes a la orilla, pues con éste a bordo nunca se sabe lo que puede pasar.

Así que intentaron regresar, pero Maui, gracias a su magia, extendió el mar de modo que, en un instante, la costa quedó muy lejos de la embarcación, y cuando quisieron darse cuenta, los hermanos ya casi no podían ver la orilla.

—Mirad, será mejor que me dejéis ir con vosotros —dijo Maui—. Al menos os seré útil para achicar el agua de vuestra canoa.

Los hermanos no tuvieron más remedio que acceder, así que siguieron remando y llegaron al lugar donde solían pescar en otras ocasiones.

—Echemos el ancla y pesquemos aquí —dijeron todos.

Pero Maui replicó:

—¡Oh, no, no! Rememos más lejos todavía.

Los hermanos se dejaron convencer, así que siguieron remando y se alejaron mucho, hasta llegar a un banco de pesca muy, muy lejos del que frecuentaban normalmente.

—Venga, echemos aquí el ancla y pesquemos —dijeron entonces.

Pero Maui replicó de nuevo:

—Bueno, supongo que los peces de aquí serán excelentes, pero yo creo que es mejor alejarse más todavía. Si vamos al lugar donde yo quiero echar el ancla, antes de que vuestros anzuelos lleguen al fondo picarán los mejores peces. No tendremos que esperar allí mucho tiempo, pues en un abrir y cerrar de ojos nuestra canoa estará repleta de pescado.

Tan pronto hubieron oído esto, los hermanos comenzaron nuevamente a remar, y no dejaron descansar los remos hasta que se hubieron alejado mucho.

—Ya estamos lo bastante lejos —dijeron.

—No, no —insistió Maui—. Sigamos hasta que la orilla ya no pueda verse. Cuando ya no alcancemos a ver la costa será el momento de tirar el ancla. Pero sólo cuando estemos muy, muy lejos.

Finalmente llegaron a mar abierto, y los hermanos de Maui comenzaron a pescar. Y, en efecto, apenas habían dejado caer sus anzuelos cuando cada uno de ellos notó un tirón e izó un gran pez a la canoa. Sólo dos veces tiraron sus anzuelos, pero eso bastó para que su canoa se llenara a rebosar de los más espléndidos peces. Entonces dijeron:

—Maui, hermano, será mejor que volvamos ya.

—Quedémonos un ratito más —replicó él—; yo también quiero arrojar mi anzuelo al mar.

—¿Y con qué piensas pescar? —le preguntaron.

Y él respondió:

—No os preocupéis, he traído un anzuelo.

—Pues date prisa —dijeron los hermanos—, y arrójalo.

Maui extrajo el anzuelo de entre sus vestidos y la luz centelleó sobre la hermosa concha de madreperla que cubría la parte cóncava del anzuelo, y los hermanos vieron que estaba tallado y adornado por mechones de cola de perro, y que era de una belleza inimaginable.

Maui pidió entonces a sus hermanos que le dieran un poco de carnada, para colocarla en su anzuelo. Pero ellos replicaron:

—¡No te daremos ni una pizca de nuestro cebo!

Ante lo cual, Maui cerró el puño y se golpeó con fuerza la nariz, de tal modo que le salió sangre, y con su propia sangre, a modo de cebo, impregnó el anzuelo y lo arrojó al mar. El anzuelo se hundió, y se hundió, y se hundió, hasta llegar a una figurilla de madera tallada que coronaba el tejado de una casa que había en el fondo del mar. El anzuelo pasó más allá de la figurilla, descendió junto a las vigas exteriores del techo, fue a dar sobre la entrada de la casa y se prendió del dintel de la puerta.

Al notar que algo se había enganchado al anzuelo, Maui comenzó a tirar del sedal. ¡Ah, ah! Junto al anzuelo ascendió la casa del viejo Tonganui, morador de las profundidades, hijo del Dios del Mar. Subió y subió, y cuanto más subía, ¡cómo se tensó el anzuelo de Maui bajo aquel gran peso! Y entonces allí surgió, chorreando espuma y burbujas, como si una isla emergiera de las aguas, y los hermanos de Maui quedaron boquiabiertos y lanzaron gritos de asombro.

Durante todo el tiempo, mientras tiraba y tiraba, Maui no dejaba de entonar cánticos, entre las murmuraciones y lamentos de sus hermanos, que decían:

—¡Mirad, Maui nos ha traído a mar abierto, para perdernos y que nos devore el pez que ha sacado de las aguas!

Pero Maui no hizo caso, y siguió entonando sus cánticos, sobre todo aquel que es un encantamiento para hacer ligero lo pesado, pues deseaba sacar fácilmente su pesca prodigiosa. Y, cuando hubo terminado sus encantamientos, sobre las aguas flotó, prendido del anzuelo, el pez de Maui, y qué era ese pez sino un pedazo de tierra, estas islas donde ahora vivimos.

La canoa llegó a la orilla. Maui dejó a sus hermanos en la embarcación y regresó a la aldea. Pero antes de marcharse dijo:

—Después de mi marcha, sed valerosos y pacientes; no comáis nada hasta que vuelva, y no permitáis que sea cortado nuestro pez. Dejadlo intacto hasta que le haya hecho al dios una ofrenda de esta gran pesca, y hasta que haya encontrado a un sacerdote, para que puedan serle ofrecidos al dios los rezos y sacrificios adecuados, y se hayan realizado todos los ritos necesarios. De este modo nos purificaremos. Después volveré y podremos cortar el pez sin correr riesgos. Lo repartiremos entre todos, y a mi llegada cada cual tendrá su parte y volveréis gozosos a vuestros hogares.

Pero tan pronto se hubo marchado Maui, sus hermanos pisotearon las palabras que él había pronunciado. Al instante comenzaron a cortar el pez y a comérselo. Cuando hicieron esto Maui no había llegado aún al lugar sagrado, a presencia del dios; si hubiese llegado al lugar sagrado, el corazón de la divinidad se hubiera visto apaciguado por la ofrenda de una parte del pez que habían capturado sus seguidores, y todos los dioses y diosas hubieran tenido su parte del sacrificio. Pero ¡ay!, aquellos hermanos necios e inconscientes cortaron el pez y, hete aquí que los dioses montaron en cólera contra ellos, por haber cortado el pez sin haber hecho el sacrificio necesario. Entonces el pez comenzó a mover la cabeza de un lado a otro, y a agitar la cola, y las aletas de su espalda, y su mandíbula inferior, y sobre la orilla saltó el pez como si estuviese en las aguas.

Por este motivo, esta isla es ahora tan áspera y accidentada: aquí se levanta una montaña, allí se extiende una llanura, por aquí desciende un valle y por allá se alza un acantilado. Si los hermanos de Maui no hubieran actuado de modo tan traicionero, el gran pez hubiese yacido liso y

48

llano, y hubiera sido modelo para el resto de la tierra, para la actual generación de hombres.

De este modo pescó Maui la tierra firme que, desde los tiempos de la creación, había quedado oculta. Con un anzuelo mágico fue pescada. En el distrito de Heretaunga todavía puede verse el anzuelo de Maui, que se convirtió en un cabo que se adentra muy lejos en el mar.

Los maoríes son un pueblo polinesio que llegó a Nueva Zelanda hacia el siglo XIV de nuestra era. Antes de su enfrentamiento con los invasores europeos, los maoríes, como la mayor parte de las naciones del Pacífico, eran magníficos navegantes, cuyo modo de vida se basaba en la agricultura y la pesca.

ASIA

EL MUCHACHO DEL OCASO
(Armenia)

Dicen que el palacio del Sol está en el Oriente, en el último confín del mundo. En ese palacio hay doce moradas, en medio de las cuales se alza un bello edificio de oro. Allí, sobre un lecho de perlas, vive la madre del Sol, y allí aguarda cada día el retorno de su hijo. El Sol regresa cansado de su periplo diario. Su madre lo baña en agua fresca y lo cuida.

Érase una vez un muchacho que, un día, se enfadó con el Sol.

—¿Qué es esto? —dijo irritado—. Ahora sales, ahora no. A veces está oscuro, y después hay luz.

Y el muchacho comenzó a maldecir al astro del día.

Las palabras del muchacho llegaron a oídos de la madre del Sol, que se enfadó mucho.

—Voy a castigar a ese joven —dijo—, por atreverse a decir cosas así sobre mi hijo.

Pasó un tiempo. El muchacho se casó y su esposa quedó encinta. Fue entonces cuando recibió el castigo anunciado.

—En adelante —dijo la madre del Sol—, no verás nunca más al astro del día. Morirás al amanecer, y sólo al ocaso volverás a la vida.

Y así sucedió. A partir de entonces el muchacho moría cada amanecer y sólo despertaba al caer la noche. Por eso lo llamaban Muchacho del Ocaso.

El joven se dio cuenta de que ni su esposa ni su madre podían soportar verlo sufrir de aquella manera, de modo que decidió irse a vivir a las montañas, donde de día yacía tendido al abrigo de una caverna y de noche deambulaba de un lado a otro buscando su sustento. Allí estuvo durante largo tiempo, hasta que un día, ya oscurecido, sus vagabundeos lo llevaron cerca de su casa, y el muchacho escuchó a su esposa cantar una canción de cuna. Cuando la mujer terminó la canción, él la repitió, de modo que sonó como un eco. Lo mismo sucedió la noche siguiente.

La esposa no entendía lo que pasaba.

—¿Qué misterio es este? —le preguntó a su suegra—. Por las noches, cuando le canto al niño para que se duerma, un eco extraño repite la canción fuera de la casa.

—Espera a mañana —respondió la anciana—, y trataremos de averiguar lo que sucede.

De modo que a la tercera noche, cuando aquella voz misteriosa volvía a cantar la canción de cuna, la suegra abrió la puerta e hizo entrar al eco. Para su sorpresa, allí estaba su propio hijo. La anciana mujer sintió una gran felicidad, y lo mismo puede decirse de la esposa. El muchacho pudo así ver a su hijo y la familia se alegró mucho por aquella reunión. Pero los términos del castigo eran inalterables, y apenas el Sol se preparaba para alzarse el muchacho partió apresuradamente hacia las montañas.

Un día, durante las horas en que estaba en su sopor de muerte, el muchacho tuvo un sueño en el que se le apareció un anciano, que le dijo:

—Si quieres ver otra vez al Sol tendrás que encontrar a su madre y pedirle perdón. Para dar con ella, habrás de ir a un pozo muy lejano y descender con cuidado a su interior. Allí encontrarás una cueva, en cuya entrada verás a una enorme giganta cuyos grandes pechos descansan sobre sus hombros. Acércate con cuidado y besa su pecho derecho. Cuando lo hayas hecho, la giganta te dirá que eres su hijo y que puedes pedirle lo que quieras. Ella se encargará del resto.

Y, dicho esto, el anciano desapareció.

Aquella aparición misteriosa llenó de esperanza al Muchacho del Ocaso, que decidió ponerse de inmediato en camino para encontrar el pozo que le indicara el anciano. Anduvo y anduvo durante mucho tiem-

54

po. Muerto durante el día, el joven solamente podía viajar de noche, pero anduvo y anduvo, preguntando a todo el que se cruzaba con él, hasta que una noche, logró dar con el pozo que le había señalado el anciano del sueño. Se introdujo en él cuidadosamente y llegó al fondo. Allí vio a la giganta, profundamente dormida frente a la entrada de la cueva. Con mucha cautela, el muchacho se inclinó sobre ella y le besó el pecho derecho. La giganta se despertó sobresaltada.

—¿Qué haces aquí? Si no me hubieras besado el pecho, te habría matado al instante. Ahora, sin embargo, eres mi hijo, y cualquier cosa que me pidas te será concedida. Así que dime, ¿por qué has venido hasta aquí?

—Quiero ver a la madre del Sol —contestó el muchacho.

—¿Por qué? ¿No sabes que eso es casi imposible?

—Una vez, hace ya tiempo, maldije al Sol, y su madre me oyó y me castigó. Ahora estoy condenado a no ver nunca el Sol. Muero apenas amanece y sólo vivo mientras hay oscuridad. He de ver a la madre del Sol para pedirle perdón.

—Bueno —respondió la giganta—. Has hecho bien en venir hasta mí, pues yo soy la guardiana de la morada del Sol. Toma estos dos cántaros. Uno está lleno de agua de esta caverna, el otro está vacío. Pero antes, dime, ¿sabes cómo llegar hasta la madre del Sol?

El muchacho negó con la cabeza.

—Entonces yo te lo diré. Sumérgete en esta agua y camina hasta llegar al otro lado. Cuando llegues allí verás una luz brillante: ésa es la madre del Sol. Toma el cántaro vacío y llénalo con agua del otro lado. Entonces oirás decir a la madre del Sol: «¿Por qué te llevas mi agua?». Cuando la oigas decir esto debes derramar el agua que te he dado y decir: «Igual que cogí tu agua, ahora la devuelvo».

El muchacho se despidió de su benefactora y se sumergió en las aguas. Cuando hubo llegado a su destino, el joven avanzó hacia la orilla. Tal y como la giganta le había dicho, vio una luz brillante que emanaba de una bella mujer. Entonces tomó el cántaro vacío y lo llenó de agua.

—¿Por qué te llevas mi agua? —preguntó la madre del Sol.

—Igual que me llevé tu agua, ahora te la devuelvo —repuso el Muchacho del Ocaso, vertiendo el agua que la giganta le había dado.

—Dime, ¿cómo lograste burlar la vigilancia de la guardiana? —preguntó la mujer.

—Bueno, el caso es que lo logré —repuso el muchacho, que no quería dar más explicaciones.

—¿Qué deseas?

—Tu perdón, madre del Sol, quiero tu perdón —dijo él, cayendo de rodillas ante ella.

—No habrá perdón para ti —repuso la madre del Sol, airada—. Dijiste cosas odiosas sobre mi hijo.

Pero el muchacho le imploró una y otra vez, y siguió haciéndolo hasta que la mujer le dijo:

—Te perdono, pero recuerda: no vuelvas jamás a decir cosas semejantes sobre mi hijo. Ahora toma mi agua y vuelve junto a la persona que te permitió llegar hasta aquí.

El Muchacho del Ocaso tomó el cántaro lleno de agua y fue hasta el fondo del lago y, finalmente, salió por el lado donde estaba la giganta. Esta vez besó su pecho izquierdo. La giganta sonrió.

—¿Has vuelto, hijo mío? —preguntó—. Dime lo que sucedió.

—Llegué al otro lado y llené mi cántaro de agua —dijo el Muchacho del Ocaso—. La madre del Sol me preguntó por qué me llevaba su agua. Yo arrojé el agua que me diste y le dije que había devuelto lo que había tomado. Le pedí perdón tres veces antes de que ella me lo concediera. Ella me preguntó cómo había burlado a la guardiana de la cueva, pero yo no le respondí.

—Has hecho bien —repuso la giganta—. ¿Dónde está el agua que trajiste?

El Muchacho del Ocaso le dio el cántaro lleno de agua y la giganta lo bañó con ella.

—Ahora, hijo mío, vuelve de nuevo a la tierra. Pero en adelante no te muestres irrespetuoso con el Sol.

El Muchacho del Ocaso ascendió hasta la boca del pozo. Al cabo de

56

mucho rato llegó a la tierra, y se alegró mucho de verla otra vez. Brillaba el Sol, pero el muchacho no murió. A la mañana siguiente, al salir el Sol, el joven tampoco murió. Cuando estuvo seguro de que el maleficio había terminado, el muchacho emprendió el camino de regreso.

Cuando llegó a su casa su esposa se mostró muy feliz de volverlo a ver. Entonces la mujer llevó a su marido a donde estaban sus suegros.

—¡Padre, madre! ¡Venid! Tengo una sorpresa para vosotros —dijo la esposa.

Los ancianos salieron de inmediato y vieron que su hijo, su muchacho querido al que creían muerto, estaba allí. Lo abrazaron afectuosamente y todos fueron muy felices, y dieron gracias a Dios por haberse podido reunir de nuevo.

EL ARCO IRIS
(Birmania)

La reina de Syriam murió estando encinta pero la criatura vino al mundo cuando se iba a prender la pira funeraria. Fue una niña, a la que su padre llamó princesa Mwaynun. Sin embargo, el rey ordenó que su hija no fuera llevada a la ciudad, pues se creía que, al haber nacido en un cementerio, traería mala suerte al reino. De modo que su padre edificó un palacio para ella cerca del cementerio, y alrededor de ese palacio no tardó en crecer la ciudad de Dalla.

Dalla estaba junto a la desembocadura del río. Al otro lado de aquel río se extendía el reino de Mingaladon cuyo monarca tenía un hijo, el príncipe Nandar. Sucedió que aquel príncipe se enamoró perdidamente de la princesa Mwaynun, y cada día iba a cortejarla. Pero su padre el rey creía que, al haber nacido en un cementerio, la princesa traería mala suerte al reino y que, por tanto, el príncipe no debía relacionarse con ella bajo ningún concepto. De modo que el monarca prohibió al príncipe que siguiera cortejando a la princesa y para asegurarse de que no la veía más ordenó a todos los barqueros del reino que no ayudaran a su hijo a atravesar el río.

La ciudad de Mingaladon estaba cerca del lugar donde vivía Nube de Lluvia, un cocodrilo muy viejo que era amigo de los seres humanos. Un día en que el príncipe estaba a orillas del río, mirando con tristeza las torres del palacio de su amada, Nube de Lluvia pasó por allí y escuchó sus lamentos.

—¿Qué os ocurre, majestad, puedo hacer algo por vos? —preguntó Nube de Lluvia.

—Nada puedes hacer, amigo —repuso el príncipe—. Pues, ¿quién podría ayudarme a cruzar el río sin que mi padre se enterara?

—Si sólo es eso, majestad —repuso el cocodrilo—, yo puedo ser quien os ayude. Podríais ocultaros en mi boca. Nadie os vería, y el rey no se enterará jamás de que habéis desobedecido sus órdenes. Además, nadaré tan deprisa que sólo estaréis en mi boca unos instantes, así que no sufriréis por falta de aire.

El príncipe aceptó al instante la propuesta de Nube de Lluvia. De modo que, cada noche, metido en la boca del cocodrilo, atravesaba el río para reunirse con su amada, volviendo del mismo modo al despuntar el alba.

Sucedió sin embargo que Oscura, una hembra de cocodrilo que había sido desdeñada por Nube de Lluvia y era su enemiga jurada, se puso muy celosa al saber que el cocodrilo ayudaba al príncipe a cruzar el río. Oscura había cumplido cien años y, como todos los cocodrilos que llegan a esa edad, poseía el don de transformarse en un ser humano. De modo que se convirtió en una muchacha joven, de aspecto agradable, y se las arregló para entrar al servicio de la princesa Mwaynun. Una vez logrado esto, obró con tanta astucia que pronto fue la servidora de confianza de la princesa, la favorita a la que contaba todos sus secretos.

Un día, Oscura le preguntó a su ama:

—Señora, cuando el príncipe viene a veros, ¿dormís a su derecha o a su izquierda?

—A su izquierda —repuso inocentemente la princesa—, utilizando su brazo izquierdo como almohada.

—¡Me lo imaginaba! —exclamó Oscura—. Eso demuestra que no os ama lo suficiente. Si de verdad os amara os dejaría dormir en el lado derecho, con su brazo derecho como almohada.

—Por supuesto, si se lo pido me dejará hacer lo que yo quiera —replicó la princesa, indignada.

—Ponedlo a prueba esta noche —sugirió Oscura—. Pedidle que os deje dormir a su derecha, con la cabeza sobre su brazo derecho.

La taimada Oscura decía esto porque sabía que si una mujer duerme con la cabeza en el brazo derecho de un príncipe o de un héroe, éste será víctima del infortunio. Naturalmente, Oscura nada tenía en contra del príncipe, pero sabía que Nube de Lluvia tendría problemas con el rey de Mingaladon si al príncipe le sucedía algo mientras viajaba en su boca.

Aquella noche, cuando, como de costumbre, el príncipe visitó a la princesa, ésta pidió a su amado que le dejara dormir a su derecha, con la cabeza recostada sobre el brazo derecho.

—Amada —repuso el príncipe—, ¿es que no sabes que si duermes con tu cabeza sobre mi brazo derecho el infortunio hará presa de mí?

A la princesa aquello le parecieron meras excusas.

—Lo que pasa —dijo—, es que no me amas lo bastante como para hacer lo que te pido.

Discutieron, y por último el príncipe no pudo hacer otra cosa que permitir a la princesa recostarse sobre su brazo derecho, para así demostrarle su amor.

Amaneció, y el príncipe fue hasta la orilla, donde el fiel Nube de Lluvia le esperaba. El príncipe entró en la boca del cocodrilo y éste emprendió el camino de regreso. Pero algo le pasó a Nube de Lluvia, que le hizo olvidar por completo que el príncipe estaba en su boca. Durante horas y horas nadó por el río, sumergiéndose y volviendo a salir, de modo que el príncipe se desmayó a causa de la falta de aire. Mientras, en la ciudad de Mingaladon, el rey y toda la corte buscaban frenéticamente al príncipe desaparecido. Por último, fueron todos al río, pensando que quizá el príncipe había ido a ver a su amada, y que nada malo podía haberle pasado. Nube de Lluvia vio al rey junto a la orilla, y sólo entonces se acordó de que el príncipe estaba en su boca. Nadó entonces apresuradamente hasta donde estaba el monarca, abrió la boca y depositó al príncipe a los pies de su padre. Pero ya era tarde, ¡el muchacho había muerto! Arrepentido, el cocodrilo explicó al rey por qué el príncipe estaba en su boca.

—Estoy dispuesto a morir y seguir a mi príncipe —dijo una vez terminado su relato—, de modo que castigadme cuanto antes.

60

—Has sido un fiel servidor de mi hijo —repuso el rey—, y te perdono. Pero hazle un último servicio a tu amo muerto e informa a su amada de lo sucedido.

Nube de Lluvia atravesó rápidamente el río y le dijo a la princesa que su amado había muerto. La muchacha se sintió sobrecogida por el pesar y los remordimientos, pues pensaba que ella había hecho caer la desgracia sobre el príncipe. Tanto dolor sintió que, al poco tiempo, la princesa murió de pena.

El día de sus exequias se celebraron también los funerales por el príncipe muerto. En Mingaladon prendieron su pira funeraria, al mismo tiempo que en Dalla se encendía la de la princesa. A ambos lados del río el pueblo contempló afligido el humo que se alzaba de ambas piras. Sucedió entonces, para asombro de todos, que las dos columnas de humo se unieron sobre el río y de ellas se formó un hermoso arco iris.

ESEGE MALAN Y LA MADRE TIERRA
(Buriatia, Siberia meridional)

Un día, Esege Malan, el soberano del cielo, recibió la visita de Ehé Tazar, la Madre Tierra. Ehé Tazar pasó varios días muy agradables y, llegado el momento de partir, pidió a su huésped que, como regalo de despedida, le entregara el Sol y la Luna.

—Te los daré, por supuesto —dijo Esege Malan, deseoso de complacer en todo a su ilustre invitada.

Pero cuando quiso tomar los dos astros para dárselos a su visitante descubrió que la cosa no era tan fácil. Llamó entonces a mil espíritus de su cohorte celestial, y les rogó le explicaran cómo podría realizar aquella hazaña. Los espíritus estudiaron el asunto largo y tendido, pero no pudieron dar a su amo una respuesta satisfactoria. De modo que Esege Malan mandó venir a Esh, el erizo, quien acudió prontamente a la morada celeste del soberano.

Sucede que Esege Malan tenía tres hijas que, a menudo, descendían a la tierra en forma de cisnes y, una vez allí, se desnudaban y se divertían en las aguas del mar. Bien, pues resulta que aquellas tres hijas estaban en casa cuando llegó Esh. Esege había dicho a sus hijas que Esh era un sujeto extraño, pues no tenía pies y era muy velludo, pero que, pese a su apariencia, era muy, muy sabio, y no debían mofarse de él. Pero cuando las hijas de Esege vieron llegar a Esh lo encontraron tan sumamente ridículo que no pudieron contener la risa.

El viejo Esh reparó en aquellas burlas y se dijo: «¡Esege Malan me ha convocado para que sus hijas se burlen de mí!» y, muy enfadado, se marchó de allí a toda prisa, sin dar tiempo a que Esege le dijera nada. Sin embargo, como sabía que Esh conocía el motivo por el que había sido convocado, el soberano del cielo ordenó a dos espíritus invisibles que lo siguieran, y estuviesen atentos a todas sus palabras, pues sucedía que, cuando se enfadaba, Esh solía murmurar por lo bajo, y Esege pensaba que quiza entonces dijese algo sobre el Sol y la Luna.

Esh descendió a la tierra, y lo primero que Esh vio tras llegar allí fue un rebaño de vacas y toros. Los animales, al reparar en tan extraña aparición, se asustaron mucho, y salieron corriendo en estampida. Esh, se enfadó más todavía al ver aquello y maldijo a los animales diciendo:

—¡Que la cuerda no se desate nunca de vuestros hocicos, y el yugo no abandone jamás vuestros cuellos!

Y así ha sido desde entonces.

Esh siguió caminando y llegó hasta donde pacía un rebaño de caballos. Éstos también se asustaron y echaron a correr en tropel, con gran estruendo de cascos. Fuera de sí, Esh los maldijo, diciendo:

—¡Que la embocadura no abandone nunca vuestras bocas y la silla no se mueva jamás de vuestros lomos!

Y así ha sido desde entonces.

Esh continuó su camino, seguido siempre por los espíritus invisibles, que estaban atentos a cualquier cosa que pudiera decir. Finalmente, Esh comenzó a hablar para sí, denostando a Esege Malan.

—¿Qué clase de soberano es Esege Malan? —preguntó—. ¿Cómo puede ser el amo del mundo? Lo controla y arregla todo, ¡pero ha regalado el Sol y la Luna y no sabe cómo hacerse con ellos! Si es tan sabio, ¿por qué no visita a la Madre Tierra y, cuando su visita haya terminado y esté dispuesto a partir, no le pide a la Madre Tierra que le regale el aire cálido e inquieto del verano y el eco? Ella se los dará muy complacida pero ¿cómo se hará con ellos?

Cuando los espíritus hubieron oído esto dieron media vuelta y regresaron veloces al cielo para comunicar a Esege Malan las palabras de Esh.

Esege aguardó hasta que hubo pasado un tiempo prudencial. Después devolvió la visita a la Madre Tierra y, poco antes de despedirse de ella, le dijo:

—Cuando tú me viniste a ver, yo te regalé el Sol y la Luna, y ahora también yo quisiera pedirte un presente. Dame, te lo ruego, el aire cálido e inquieto del verano y el eco.

—Naturalmente, tuyos son —se apresuró a decir la Madre Tierra.

Pero más tarde, al intentar hacerse con ellos, descubrió que, por mucho que lo intentara, no había manera.

Cuando constató que era imposible obtener aquellas cosas, la Madre Tierra fue a decírselo a Esege Malan, quien repuso:

—Está bien. ¡Que el Sol y la Luna se queden donde están, y que lo mismo suceda con el eco y el aire cálido e inquieto del verano!

De este modo, sucede que aunque el Sol y la Luna pertenecen a la Tierra, permanecen en el cielo, y el eco y el aire cálido e inquieto del verano, aunque son propiedad de Esege Malan, siguen estando aquí, en la tierra.

Este mito lo narran los buriatos, un pueblo emparentado con los mongoles que vive en la Siberia meridional, a orillas del lago Baikal, dentro de lo que hoy es la Federación Rusa. El modo tradicional de vida de los buriatos era el pastoreo, que practicaban en las inmensas praderas que consituyen su territorio tradicional. En este cuento se presenta al erizo como el más sabio de los animales, tema que volveremos a encontrar en otros cuentos de esta colección.

LA SERPIENTE, EL MOSQUITO Y LA GOLONDRINA
(Hui, China)

Cuentan que, hace mucho tiempo, estaba un hombre viejo y sabio recitando el santo Corán en la mezquita cuando apareció ante él una gran Serpiente. Mostrando sus enormes fauces, la Serpiente le dijo al hombre:

—Quiero comer la carne más sabrosa del mundo. Por favor, tú que sabes tantas cosas, dime cuál es la mejor.

—Espera un poco —repuso el sabio—. Primero enviaré al Mosquito para que pruebe los distintos tipos de carne. Cuando sepamos lo que él tiene que decir, te daré la respuesta.

Entonces el sabio acudió a un herrero y le pidió que pusiera al mosquito una afilada y puntiaguda boca de hierro. A continuación, rogó al Mosquito que probara todos los tipos de carne.

Oscurecía, pero el Mosquito no daba señales de volver. El sabio se impacientó. Como tenía ganas de perder de vista a la Serpiente lo antes posible, envió a la Golondrina para que fuese al encuentro del Mosquito y le rogara que volviese de inmediato.

Cuando la Golondrina se reunió con el Mosquito éste seguía concentrado en probar carne, y al ave le costó captar su atención.

—Bien —dijo la Golondrina cuando, finalmente, logró que el insecto le hiciera caso—, llevas todo el día probando carne. A estas horas ya debes saber perfectamente cuál es la más sabrosa.

—He probado todos los tipos de carne —se vanaglorió el Mosquito—, y he llegado a la conclusión de que la carne humana es la mejor de todas.

Esto asustó mucho a la Golondrina, que pensó: «Si este malvado va a decirle eso al sabio, será un desastre para los seres humanos». Así que, de pronto, sin pensárselo dos veces, la Golondrina saltó sobre el Mosquito y le arrancó la lengua de un picotazo.

Cuando ambos hubieron vuelto a presencia del sabio y de la Serpiente ésta preguntó:

—Rápido, rápido, decidme, ¿cuál es la carne más sabrosa?

El Mosquito, que no tenía lengua, sólo pudo producir zumbidos:

—Nnn, nnn, nnn...

La Serpiente se quedó perpleja.

Entonces intervino la Golondrina:

—El Mosquito dice: «*dong, dong, dong*» (agujero, agujero, agujero)... Supongo que quiere decir que, si deseas darte un buen festín, debes ir a un agujero donde vivan ratones. La carne de ratón es la más sabrosa de todas.

—Bien —le dijo entonces el sabio a la Serpiente—. De ahora en adelante puedes vivir de ratones.

Una vez la Serpiente se hubo marchado, la Golondrina explicó al sabio lo sucedido.

—Está claro —dijo entonces el anciano—, que eres la amiga más fiel de los seres humanos, pues los has protegido de un terrible mal. A partir de ahora podrás vivir cerca de ellos.

Así que, desde entonces, las amables golondrinas han vivido en compañía de los hombres.

Los hui son musulmanes que viven en distintas provincias de China, siendo especialmente numerosos en Ningxia, donde fue recogido este cuento. Los primeros musulmanes llegaron a China en el siglo XIII, procedentes de Persia, Arabia y Asia Central, como soldados mercenarios de Kublai Khan. Muchos de los hui actuales son descendientes asimilados de esos soldados, pero casi todos son chinos de etnia Han, la mayoritaria del país, que se convirtieron al islam.

LA VENGANZA DE LOS CUENTOS
(Corea)

Érase una vez un niño al que gustaba muchísimo que le contaran cuentos. Sin embargo, a pesar de lo mucho que disfrutaba escuchando las historias, él no se las contaba nunca a nadie. Cada cuento nuevo que aprendía lo guardaba celosamente en la memoria, y nunca le decía a nadie ni palabra de su contenido. El niño era hijo único de padres ricos que, para complacerlo y hacerlo feliz, se encargaban de que siempre hubiera alguien que le contara un cuento nuevo cada día. Bueno, pues los padres del niño murieron, pero el fiel criado que se hizo cargo de él siguió contándole un cuento nuevo cada noche.

En un rincón de su cuarto, aquel niño tenía una vieja bolsa de cuero, cuya abertura estaba prietamente atada con un cordel. Aquella bolsa llevaba allí años, colgada de un clavo, olvidada por todos. Pero resulta que, cada vez que el niño escuchaba un nuevo cuento y no se lo contaba a nadie, el espíritu de aquel cuento se introducía en la bolsa y se quedaba allí. No podía escapar de aquel encierro a causa de la obstinación del niño en no contarle los cuentos a los demás. Y, puesto que cada día el niño escuchaba un nuevo cuento, cada día un espíritu más se sumaba a los que ya vivían en la bolsa, de modo que, al final, ésta estaba llena del todo, y los espíritus de los cuentos no podían casi ni respirar.

El niño fue creciendo. Cuando cumplió quince años su tío concertó su matrimonio con una muchacha de otra rica familia. En vísperas de su boda, el joven salió a divertirse con sus amigos, y el criado se puso a atizar el fuego de la habitación de su amo, para que a su vuelta estuviese cómoda y bien caliente. En esto estaba cuando, de pronto, como surgidos de ninguna parte, el criado creyó oír susurros a su alrededor. Movido por la curiosidad, aguzó el oído y escuchó atentamente lo que decían.

—Parece que mañana se va a casar, ¿verdad? —dijo una voz.

—Pues sí —repuso otra—. Y nosotros aquí, medio muertos de asfixia.

—Tienes razón, ¿no iría siendo hora de que nos vengáramos?

Con mucha cautela, el criado echó un vistazo a la habitación a través de un agujerito en la ventana de papel. Para su sorpresa, constató que allí no había nadie, pero reparó en que las voces salían de la vieja bolsa que colgaba de la pared. Se la veía muy hinchada, y se movía de un lado a otro como si una criatura viviente se agitara en su interior. La conversación, mientras, proseguía:

—Escuchadme bien —decía una de las voces—. Irá a caballo a casa de la novia. El camino es largo y el viaje lo dejará sediento. Yo seré un pozo a la vera del camino, lleno de agua clara, sobre la que flotará un cuenco. Si bebe de ese agua, morirá.

—Muy buen plan, muy buen plan —repuso otra voz—. Pero más vale extremar las precauciones. Por si acaso no bebe, yo seré un campo de deliciosas fresas que encontrará un poco más adelante. Si prueba una sola, morirá.

Una tercera voz se añadió a la conversación y dijo:

—Si todo eso fallara, yo seré un atizador al rojo vivo en el saco de vainas de arroz sobre el que descenderá del caballo, una vez llegue a casa de la novia. Cuando ponga el pie encima de mí, morirá.

—Bueno, bueno —añadió una cuarta voz—. Os voy a decir lo que haré yo, si fallara todo eso: yo seré una pequeña serpiente venenosa, y me ocultaré en la cámara nupcial. Cuando esté dormido, le morderé y morirá.

La habitación volvió a quedar en silencio. Como os podéis imaginar, el viejo criado estaba horrorizado. Naturalmente, adivinó que aquellos no eran otros que los espíritus de los cuentos, que, resentidos por su largo encierro, se habían conjurado para acabar con su amo. «Pobres —pensó el criado—, después de tanto tiempo de estar allí dentro no me extraña que quieran hacer una cosa así.» El fiel sirviente decidió que sería mejor no tocar la bolsa antes del fin de la ceremonia nupcial, y que tampoco era conveniente informar a su amo de lo que acababa de oír.

A la mañana siguiente, el cortejo nupcial del muchacho estaba listo para dirigirse a casa de la novia, donde tendría lugar la ceremonia. Se habían preparado dos caballos, uno para el novio y otro para su tío, que actuaba como tutor del muchacho. Como era entonces costumbre, cada caballo iría guiado por un lacayo. La comitiva estaba a punto de ponerse en marcha cuando el fiel criado se adelantó y rogó encarecidamente que se le dejara guiar el caballo del novio. Por supuesto, quería proteger a toda costa a su amo de los peligros que le acechaban y por ello insistió muchísimo en que le dejaran guiar su caballo. Al principio, el tío no quiso ni oír hablar de aquello. Quería que el criado se quedara cuidando la casa, pero el buen hombre insistió tanto que, al final, se le permitió ir con la comitiva y guiar el caballo del muchacho.

La comitiva emprendió la marcha. Como era costumbre en aquellos tiempos, el tío cabalgaba en la parte de atrás y el novio abría la marcha. Pero resulta que el criado fiel llevaba tan velozmente el caballo de su amo que el tío protestó ante tan inopinada prisa. El criado, sin embargo, no le hizo caso y siguió adelante.

Llevaban recorrida ya cerca de media milla cuando el novio se quejó de sed y pidió a su criado que parara un instante en el pozo que había junto al camino.

—Mira —dijo—. El agua es muy clara, y en ella flota un cuenco. Por favor, acércate y tráeme un poco.

Pero el criado no hizo sino apresurar el paso del caballo, diciendo:

—¡Nada de eso, señor! Si nos detenemos ahora llegaremos tarde.

Y, de esta manera, logró que su amo saliera sano y salvo del primer peligro. Al poco, llegaron a un campo donde el novio vio unas fresas maduras y muy tentadoras.

—Ahí veo fresas —exclamó—. Tienen un aspecto de lo más apetitoso. Por favor, ve y cógeme unas cuantas para que calme mi sed.

Pero el criado volvió a negarse.

—¡No, no! —dijo—. Será mejor que no tome usted nada por el camino. Ya tendrá mejores fresas en casa de la novia. Además, tenemos mucha prisa.

A esas alturas, el tío del novio estaba enfadadísimo, así que regañó al criado por mostrarse tan insolente con su amo.

—Primero te niegas a traerle agua, ahora no quieres cogerle unas fresas. ¡Ya me encargaré yo de que, terminada la ceremonia, seas severamente castigado!

A pesar de todo, el criado se negó a parar, de manera que el segundo peligro quedó definitivamente atrás.

Era mediodía cuando llegaron a casa de la novia. Ante la puerta de la casa había un saco repleto de vainas de arroz, para que el novio desmontara cómodamente. Pero apenas el muchacho puso el pie en el saco, el criado le apartó los pies de una patada, y el novio cayó torpemente al suelo. El tío del muchacho estaba fuera de sí, aquello ya era verdaderamente demasiado. Sin embargo, en ese momento no pudo hacer nada.

La ceremonia tuvo lugar sin mayores problemas y, una vez concluida, se ofreció a los invitados un suntuoso banquete para celebrar los esponsales. Todos los invitados estaban muy contentos y disfrutaron de lo lindo del vino y los sabrosos manjares que les ofrecieron. Sólo el criado estaba muy preocupado, y resolvió no quitarle ojo a su amo en todo el tiempo.

Llegó la noche y los novios se retiraron a la alcoba nupcial. No llevaban allí mucho rato cuando, de pronto, la puerta de la estancia se abrió de par en par, y allí estaba el criado, espada en ristre y con cara de pocos amigos. Los novios se quedaron estupefactos y no osaron moverse. El criado se abalanzó entonces sobre la alfombra y, de un tajo, la rasgó, dejando al descubierto a una pequeña serpiente, a la que mató de un golpe.

La conmoción despertó a toda la casa, y vino gente a ver qué pasaba.

También el tío del muchacho acudió, y entonces el criado explicó su extraña conducta. Le habló de la vieja bolsa que colgaba de una pared, en la habitación del muchacho, y de los espíritus de los cuentos y sus malévolos susurros, del pozo y de las fresas envenenadas. Entonces el criado fue a buscar el saco de vainas y lo abrió. Dentro estaba el atizador al rojo vivo, que ya casi había consumido todas las vainas. El tío del novio entendió entonces lo que había sucedido, y en vez de castigar al viejo criado ensalzó su fidelidad y le agradeció que hubiese salvado la vida a su sobrino.

Bueno, podéis estar seguros de que el muchacho aprendió la lección. A partir de ese día no dejó de contar a los demás los cuentos que sabía. Y nada más regresar a su casa cogió la bolsa que había en su cuarto y, después de desatarla, la quemó.

LA MONTAÑA DONDE SE ABANDONABA
A LOS ANCIANOS
(Japón)

Hace mucho tiempo, existía la costumbre de abandonar a los ancianos al pie de cierta montaña, una vez habían llegado a los sesenta años y dejaban de ser útiles.

En una aldea vivía un campesino que cumplió sesenta años. Puesto que tales eran las órdenes del señor del lugar, había llegado el momento de abandonarlo en la montaña. Así que su hijo se cargó al anciano sobre las espaldas y emprendió el camino de las montañas. Mientras caminaban y se acercaban más y más hacia el lugar señalado, el anciano, montado sobre la espalda de su hijo, iba quebrando ramitas de los árboles para señalar la ruta.

—Padre, padre, ¿por qué haces eso? ¿Es para encontrar el camino de vuelta a casa? —preguntó el joven.

—No, pero vamos a un lugar muy lejano y agreste, y sería fatal que tú no pudieras encontrar el camino de regreso, por eso dejo estas señales.

Al hijo se le llenaron los ojos de lágrimas al oír esto y constatar cuán generoso era su padre pero ¿qué podía hacer? Era imposible desobedecer las órdenes del señor.

Finalmente, la pareja llegó al lugar señalado y una vez allí el hijo, con gran dolor de su corazón, dejó abandonado a su padre y emprendió el camino de vuelta a casa, decidiendo tomar una ruta distinta.

El sol se puso, salió la luna y brilló sobre la montaña, pero el joven no pudo encontrar el camino de regreso, así que no le cupo otro remedio que volver junto a su padre.

—¿Qué has estado haciendo hasta ahora? —preguntó el anciano.

—He intentado regresar por una ruta diferente, pero no encuentro el camino. Por favor, te ruego me digas por dónde he de ir.

Así que volvió a cargarse a su padre a la espalda y, siguiendo sus instrucciones, bajó por la ladera de la montaña mientras el viejo, guiándose por las ramas rotas, le indicaba el camino. Cuando llegaron a casa, el hijo escondió a su padre bajo las tablas del suelo. La familia le daba de comer cada día y se mostraba agradecida por su cariño.

Sucedía que el señor del país a veces ordenaba a sus súbditos realizar tareas muy difíciles. Un día, reunió a todos los campesinos del pueblo y les dijo:

—Cada uno de vosotros me tiene que traer una cuerda tejida con ceniza.

Los campesinos se quedaron muy preocupados, pues sabían que es imposible tejer una cuerda con ceniza. El joven del que hemos estado hablando volvió a su casa, llamó a su padre, que seguía oculto bajo las tablas del suelo, y le dijo:

—Hoy el señor ha ordenado que todo el mundo traiga una cuerda tejida con ceniza. ¿Cómo es posible hacer algo así?

—Verás —explicó el anciano—, tienes que trenzar una cuerda apretando mucho las hebras. A continuación, quémala con cuidado hasta que quede reducida a cenizas. Después puedes llevársela al señor.

El joven campesino, feliz por haber recibido este consejo, siguió las instrucciones de su padre. Hizo una cuerda con cenizas y se la llevó al señor. Nadie más había podido realizar esta tarea, sólo el joven había cumplido el mandato del señor, quien le felicitó y alabó enormemente por ello.

Otro día, el señor convocó nuevamente a sus súbditos, y les ordenó lo siguiente:

—Cada uno de vosotros ha de traerme una concha atravesada por un hilo.

El joven campesino volvió a dirigirse a su padre y le preguntó qué debía hacer.

—Coge una concha y orienta la punta hacia la luz —explicó el anciano—. Después toma un hilo y pégale un grano de arroz. Dale el arroz a una hormiga y haz que camine sobre la superficie de la concha. De este modo podrás pasar el hilo de un lado a otro.

El hijo siguió las instrucciones y de este modo pudo cumplir con el mandato que le habían dado. Le llevó la concha al señor, quien se mostró muy impresionado.

—Me tranquiliza tener en mis dominios a personas así. Dime, ¿cómo es posible que seas tan sabio? —preguntó.

El joven repuso:

—A decir verdad, se supone que tendría que haber abandonado a mi padre en la montaña, pero en el momento de la verdad sentí tanta pena por él que lo volví a traer y lo oculté bajo las tablas del suelo de mi casa. Las tareas que nos ordenasteis eran tan difíciles que tuve que preguntarle a mi padre cómo debía hacerlas, y yo las he hecho siguiendo sus instrucciones y os las he traído.

Y, honradamente, el joven explicó a su señor todo lo que había sucedido.

Cuando el señor escuchó aquello se sintió muy impresionado y se dio cuenta de que las personas mayores son muy sabias y hay que cuidarlas solícitamente. Y ordenó que, desde ese momento, ningún otro anciano fuera abandonado.

EL HIJO SE CARGÓ AL ANCIANO SOBRE LAS ESPALDAS
Y EMPRENDIÓ EL CAMINO DE LAS MONTAÑAS.

EUROPA

FINN MAC COOL Y EL GIGANTE DE UN SOLO OJO
(Irlanda)

Finn Mac Cool es el más famoso de los antiguos héroes del mundo celta irlandés. Era el jefe de los invencibles guerreros fianna y se le atribuyen muchas aventuras. Se decía de Finn que tenía una sabiduría infinita, que le permitía salir con bien de cualquier peligro en que se encontrara. Ésta es la historia de cómo el héroe obtuvo esa sabiduría.

Finn Mac Cool era nieto de un rey muy poderoso, que decidió matarlo cuando un druida le dijo que llegaría un día en que aquel niño le arrebataría el trono. Por suerte, la abuela del niño logró esconderse con él en lo más hondo de un bosque, donde lo educó para que se convirtiera en el guerrero más grande que hubiera conocido Irlanda. Sin embargo, un día, los soldados del rey encontraron el escondrijo donde habían vivido ocultos y Finn, acompañado por su fiel perro Bran, tuvo que poner pies en polvorosa para salvar la vida. Perro y muchacho corrieron sin parar hasta que fueron a dar con una enorme cueva que les pareció sería un buen escondrijo. Entraron en ella, y vieron que en su interior había un rebaño de cabras, y que en lo más hondo ardía una espléndida hoguera. De modo que, pensando hallarse en el refugio de algún pastor, entraron en la cueva y se echaron a descansar. Estaban los dos profundamente dormidos cuando, de pronto, comenzó a retumbar la tierra, y quién fue a entrar en la cueva sino un enorme gigante que llevaba colgado de la espalda un espléndido salmón. El gigante era altísimo, y no tenía más que un ojo, en medio de la frente, tan grande como el sol en el cielo.

—Tú —dijo nada más ver a Finn—, coge este salmón y ásalo; pero ten cuidado, porque si haces que le salga una sola ampolla te cortaré la cabeza. He seguido a este salmón durante tres días y tres noches sin tregua y jamás dejé que escapara a mi vista, pues es el salmón más extraordinario del mundo. Es el Salmón de la Sabiduría, y el primero que pruebe su carne obtendrá todo su saber.

El gigante se echó a dormir en medio de la cueva. Finn clavó el salmón en un asador y lo sostuvo sobre el fuego.

Apenas hubo cerrado el gigante su único ojo, comenzó a roncar. Cada vez que aspiraba aire, arrastraba hacia su boca a todo lo que tenía alrededor: Finn, el asador, el salmón, Bran y todas las cabras; y cada vez que exhalaba aire fuera de sí, arrojaba todo al lugar donde estaba antes. De tanto en tanto, Finn se veía arrebatado con tal fuerza hacia la boca del gigante que temió acabar dentro de su gaznate.

Cuando estaba en parte asado, sobre el salmón se formó una ampolla. Finn apretó el sitio con su pulgar, por si había modo de romperla y ocultarle al gigante el daño causado. Pero se quemó el pulgar, y, para calmar el dolor, se puso el dedo entre los dientes y royó la piel hasta la carne, la carne hasta el hueso y el hueso hasta la médula; y cuando probó la médula recibió conocimiento de todas las cosas, pues una pizca de la carne del salmón había quedado prendida en su uña. Al momento, se vio arrastrado por el aliento del gigante hasta su misma cara y, sabiendo lo que tenía que hacer gracias a su nueva sabiduría, hundió el espetón ardiente en el ojo dormido del gigante y lo cegó.

En ese mismo instante, el gigante, de un solo salto, estaba ante la entrada de la cueva y, erguido con la espalda contra el muro y un pie a cada de lado de la abertura, rugió:

—¡No saldrás vivo de aquí!

Entonces Finn mató a la mayor de la cabras, la despellejó lo más rápido que pudo y, poniéndose la piel encima, condujo al rebaño hasta donde estaba el gigante. Las cabras pasaron una a una entre sus piernas.

Pero cuando le tocó el turno a la cabra mayor el gigante la tomó de los cuernos. Finn se deslizó fuera de la piel y salió corriendo.

—Oh, te has escapado —dijo el gigante—, pero antes de que nos despidamos deja que te haga un regalo.

—Tengo miedo de acercarme a ti —repuso Finn—, si quieres hacerme un regalo ponlo ahí y luego vuelve a donde estás.

El gigante dejó un anillo en el suelo y luego volvió a donde estaba. Finn tomó el anillo y se lo puso en el extremo del dedo meñique, por encima de la primera articulación. El anillo se aferró tan firmemente al dedo que nadie hubiera podido arrancarlo de él.

Entonces el gigante gritó:

—¿Dónde estás?

—¡En el dedo de Finn! —exclamó el anillo, que era una joya mágica.

Al momento el gigante saltó sobre Finn y casi cayó sobre su cabeza, pensando en aplastarlo y hacerlo pedazos de este modo. Finn se apartó de un brinco. De nuevo, el gigante preguntó:

—¿Dónde estás?

—¡En el dedo de Finn! —exclamó el anillo.

Una vez más, el gigante dio un salto, y cayó justo delante de Finn. Muchas veces el gigante llamó al anillo y muchas veces estuvo a punto de atrapar a Finn, quien no podía escapar con el anillo en el dedo. Cuando estaba sumido en esta terrible lucha, Bran, su fiel perro, corrió hasta él y le dijo:

—¿Por qué no te chupas el dedo?

Finn se mordió el dedo hasta llegar a la médula, y entonces supo qué debía hacer. Tomó el cuchillo con el que había despellejado a la cabra, se cortó el dedo a la altura de la primera articulación y, con el anillo todavía adherido, lo arrojó a una ciénaga cercana.

Una vez más, el gigante exclamó:

—¿Dónde estás?

Y el anillo respondió:

—En el dedo de Finn.

Al instante el gigante saltó sobre la voz, se hundió hasta los hombros en la ciénaga y allí se quedó.

LA DAMA DEL LAGO
(Gales)

Cuando, en el siglo XII, las duras luchas de los príncipes galeses por conservar la independencia de su país tocaban ya a su fin, vivía en Blaensawdde, cerca de Llanddeusant, la viuda de un granjero que había caído en aquellas terribles guerras.

La viuda tenía un único hijo que criar, pero la suerte le sonrió y, a pesar de su desamparo, su ganado se multiplicó hasta el punto de que no podía ya apacentarlo en sus tierras, y debía llevarlo a pastar a la vecina Montaña Negra, donde su lugar preferido eran los pastos alrededor del pequeño lago de Llyn y Fan Fach.

Cuando el hijo de la viuda ya era mayor, su madre lo enviaba siempre a que apacentara el ganado en la montaña. Una día, estaba el muchacho vigilando a los animales cuando, para su gran asombro, vio que, junto a la orilla del lago, sentada sobre las tranquilas aguas, peinándose sus largos cabellos, estaba la doncella más hermosa del mundo. De pronto, la muchacha se percató del joven que la miraba desde la orilla. Éste, sin pensar mucho en lo que hacía, le ofreció a la desconocida la provisión de pan de centeno y queso que su madre le había dado antes de salir de casa.

La muchacha se acercó ligeramente al joven, pero rechazó con un gesto cortés los alimentos que éste le ofrecía. El muchacho intentó tocarla, pero ella se escabulló y le dijo:

—¡Duro es tu pan!
No es fácil darme alcance.

Y al instante se sumergió bajo las aguas. El hijo de la viuda se sintió muy triste al verla desaparecer pues, como es fácil imaginar, se había enamorado perdidamente de la desconocida.

Ya de vuelta a casa, su madre se extrañó de verlo tan pesaroso. El muchacho le explicó entonces lo que había visto, y cómo la Dama del Lago se había sumergido en las aguas sin dejar rastro.

—Bueno —dijo la anciana—, quizá el pan bien cocido no era adecuado para ella. Mañana, cuando saques el ganado a pastar, llévale un poco de masa cruda y ofrécesela.

De modo que, a la mañana siguiente, muy temprano, el joven se encaminó hacia el lago, con la firme esperanza de ver nuevamente a su amada. Pero pasaron horas y más horas, y la dama no aparecía. Estaba ya avanzada la tarde cuando el muchacho se sobresaltó al ver que algunas de sus vacas estaban en la parte más escarpada de los peñascos que había al otro lado del lago. Y se disponía a ir en su busca cuando, para su gran alegría, la muchacha apareció de nuevo sobre la superficie del lago, más hermosa aún que el día antes. Él volvió a extender su mano, ofreciéndole el pan crudo y expresándole su amor. Pero ella se negó a aceptarlo y dijo:

—¡Húmedo está tu pan!
Tuya no he de ser.

Y se zambulló inmediatamente en el lago. Pero esta vez, antes de desaparecer, sonrió al muchacho de tal manera que éste vio que quizá no todo estuviera perdido. Nada más llegar a casa, el joven informó a su madre del nuevo fracaso.

—Bueno —dijo la mujer—, eso significa que tampoco la masa cruda era adecuada. Lo mejor será que mañana le lleves una hogaza de pan ligeramente cocido, a ver si le gusta.

A la mañana siguiente, el muchacho salió muy contento de su casa.

Con paso rápido llevó el ganado hasta la montaña y no tardó en llegar a orillas del lago. Una vez allí aguardó con impaciencia la aparición de la dama misteriosa.

Como el día anterior, el ganado se encaramó por la parte escarpada de las márgenes del lago, pero el muchacho no hizo el menor caso y siguió esperando. Pasaron las horas y comenzó a anochecer. El joven, perdida completamente la esperanza, se disponía a marcharse cuando, de pronto, para su gran asombro, observó a varias vacas que caminaban sobre la superficie de las aguas. «Bueno —se dijo al ver aquello—, quizá ahora vuelva a ver a la desconocida.» Y así sucedió, pues al momento, más bella que nunca, la dama apareció otra vez. La muchacha se acercó a la orilla y el joven se precipitó a su encuentro. La Dama del Lago sonrió y él se atrevió a tomarla de la mano. Ella se dejó hacer, y no rechazó esta vez la ofrenda del pan ligeramente cocido.

—Te amo —dijo el muchacho—, y deseo que seas mi esposa.

—De acuerdo —contestó la muchacha—. Me casaré contigo. Pero antes de que dé mi pleno consentimiento escucha la condición que pongo: has de saber que si me pegaras tres veces sin motivo, desaparecería para siempre y no volverías a verme jamás.

El joven aceptó de buena gana aquella condición, como hubiese aceptado cualquier otra que su amada le hubiera propuesto, pues a toda costa quería tenerla por mujer.

De este modo la Dama del Lago se comprometió a ser su esposa, pero cuando él soltó su mano por un instante ella se escabulló y volvió a sumergirse en el lago. El joven quedó tan frustrado que se le ocurrió tirarse al lago tras ella, y acabar así sus días. Y estaba a punto de hacerlo cuando, para su sorpresa, vio cómo del lago surgían dos bellas damas, acompañadas por un anciano de blancos cabellos y noble aspecto, que era además de una extraordinaria estatura.

—No te preocupes, oh joven —dijo el anciano—. Me he enterado de que deseas casarte con una de mis hijas. Accedo a ello de buena gana, mas sólo a condición de que, ahora mismo, me digas cuál de estas dos muchachas es tu amada. Pero, escúchame bien: si por algún motivo señalaras a la joven equivocada, lo perderás todo.

El muchacho examinó atentamente a las dos hermanas, pero no podía percibir entre ellas la menor diferencia, y estaba a punto de darse por vencido cuando vio que una de las damas adelantaba ligeramente un pie. El joven reparó en este gesto, y se fijó entonces en que las sandalias de las hermanas no estaban atadas de un modo exactamente igual, sino que había en los nudos que usaban una minúscula diferencia. Esto puso fin al dilema pues el muchacho, que conocía a la perfección cada detalle de su amada, pudo señalarla sin la menor vacilación.

—Has escogido bien —dijo el padre—. Sé para ella un marido bueno y fiel y, como dote, le daré tantas ovejas, vacas, cabras y caballos como pueda contar sin exhalar o inspirar su aliento. Pero recuerda bien: si alguna vez no fueses bueno con ella, y le pegaras tres veces sin causa, ella volverá junto a mí, llevándose consigo todo el ganado.

Así quedó estipulado el acuerdo de matrimonio con el pleno consentimiento del muchacho. Entonces el anciano pidió a su hija que dijera el número de ovejas que deseaba. Ella se puso al instante a contar del uno al cinco, una y otra vez, tantas veces como pudo, hasta que se le agotó el aliento. Lo mismo hizo para contar el número de cabras, vacas y caballos. Y al instante convocó el padre al ganado, y éste apareció, en el número que había dicho la joven.

La pareja contrajo matrimonio, y después fue a vivir a una granja de las cercanías de Esgair Llaethdy, a poco más de una milla del pueblo de Myddfai. Allí llevaron durante varios años una vida de felicidad y prosperidad, y en ese tiempo tuvieron tres hermosos hijos.

Un día, se anunció que iba a tener lugar un bautizo en una de las parroquias del vecindario, y se hizo saber a la pareja que estaba invitada al convite. Llegado el día, la esposa se mostró muy reacia a asistir a la ceremonia, diciendo que era un lugar muy alejado, y que caminar hasta allí sería fatigoso.

—Si piensas eso —le dijo su marido—, ensilla el caballo que pace en el campo de al lado.

—Así lo haré —repuso la mujer—, si me traes los guantes que tengo en casa.

El marido accedió y fue a buscarlos. Cuando, al volver, vio que su esposa no había ensillado aún el caballo, le dio en broma unos golpecitos en el hombro diciendo:

—¡Vamos! ¡Vamos!

Entonces ella se puso muy seria y le dijo:

—¿Acaso has olvidado la condición bajo la que me casé contigo? Acordamos que no me pegarías sin motivo. En adelante, ten más cuidado.

En otra ocasión, la pareja asistía a una boda cuando, en medio de la alegría general, la mujer rompió a llorar del modo más desconsolado. Su marido la tocó ligeramente en el hombro y le preguntó la causa de aquel llanto. Ella le contestó:

—Lloro porque ahora comienzan los problemas de la pareja y también los nuestros, pues por segunda vez me has pegado sin motivo.

Pasaron los años. Los hijos del matrimonio se hicieron mayores y demostraron ser muchachos especialmente listos y avispados. Ante tanta felicidad, el marido olvidó por completo que un solo golpe sin causa podía echar por tierra toda su prosperidad. Aun así, estaba atento a cualquier suceso sin importancia que su mujer pudiese considerar como una ruptura del acuerdo matrimonial.

—Debes tener cuidado —le dijo ella más de una vez—, no sea que, en un descuido, me des el último golpe que nos separaría para siempre, sin que yo pudiese hacer nada por evitarlo.

Sin embargo, un día, estando la pareja en un funeral, en medio del luto y el pesar de los presentes, la esposa, que parecía gozar del mejor de los humores, rompió a reír alegremente, de tal manera que su marido, consternado, la tocó diciendo:

—¡Chitón, chitón! No te rías.

A lo que ella contestó:

—Al morir, terminan los problemas de la gente, como ha terminado ahora nuestro matrimonio. Ése ha sido el último golpe sin causa. Adiós, y hasta nunca.

Y, levantándose, salió de la casa y se dirigió a Esgair Llaethdy, donde convocó a su ganado, llamando a cada animal por su nombre. Y todos obedecieron el llamado de su ama. Incluso el pequeño ternero negro que había sido sacrificado y colgaba de un gancho volvió a la vida y se unió a los demás. Era primavera, y había en el campo una yunta de cuatro bueyes arando los campos. También éstos obedecieron a su dueña. Y así, toda aquella manada siguió a la dama por la montaña de Middfai, en dirección al lago de donde habían surgido, y una vez allí todos se hundieron bajo las aguas, sin dejar tras de sí más rastro que un surco claramente marcado que produjo el arado que arrastraban los bueyes en su camino al lago, y que todavía hoy puede verse como testimonio de la verdad de esta historia.

La partida de su esposa sumió al marido en el más hondo de los pesares. De sus hijos se dice que deambularon a menudo por los alrededores del lago, con la esperanza de encontrar nuevamente a su madre. Un día, cuando el mayor de los muchachos, llamado Rhiwallon, franqueaba un paso de montaña que ahora se llama Llidiad y Meddygon, «El paso de los médicos», se le apareció su madre y le dijo:

—Me buscabas, y por fin me has encontrado, pero no he de volver con vosotros. Sin embargo, has de saber que tu misión en la tierra es ayudar a los hombres y curar sus enfermedades.

—Pero madre —protestó el muchacho—, nada sé yo de medicinas ni remedios, ¿cómo voy a poder curar?

Entonces la madre le entregó un saco:

—Toma —le dijo—. Aquí encontrarás cuantas recetas y remedios necesites. Si seguís las instrucciones que encontrarás aquí, tú y tus hermanos, y vuestros descendientes, os convertiréis en los médicos más famosos de este país. Has de saber, además, que cuando, en situaciones difíciles, necesites mi consejo, me encontrarás en mi morada del lago.

Dicho esto, la dama desapareció. Sin embargo, cuentan que en varias ocasiones se reunió con sus hijos a orillas del lago. Y dicen que, cierta vez, los acompañó hasta una cañada, donde les enseñó las distintas plantas y hierbas que allí crecían y les reveló sus virtudes curativas.

JUNTO A LA ORILLA DEL LAGO, SENTADA SOBRE LAS TRANQUILAS AGUAS,
ESTABA LA DONCELLA MÁS HERMOSA DEL MUNDO.

Rhiwallon y sus tres hijos, Cadwgan, Gruffudd y Einion obtuvieron tal fama que se convirtieron en los médicos del príncipe Rhys Gryg, Señor de Dinefwr, quien les dio tierras y privilegios. Para que su saber no se perdiera lo escribieron en manuscritos, y su fama como médicos no tardó en extenderse por todo el país, y hasta el día de hoy sus descendientes son famosos por su habilidad para curar.

El viejo canoso del rincón
de su padre escuchó este relato,
quien de su padre lo había oído,
y de ellos lo recuerdo yo.

LA LUNA MUERTA
(Inglaterra)

Cuentan que, hace mucho, mucho tiempo, cierta región de Lincolnshire estaba repleta de ciénagas y pantanos y que, salvo en las noches de luna, caminar por allí una vez oscurecido equivalía a la muerte, pues a tales horas, cuando la oscuridad era total, aquellos parajes estaban repletos de espectros y de criaturas horrorosas y reptantes, que hacían presa de los infortunados viajeros que por allí se aventuraban.

Había días en que la Luna brillaba en el cielo, como lo hace ahora, y con su luz iluminaba los senderos que cruzaban la ciénaga, permitiendo a los caminantes desplazarse sin temor. Pero durante las noches sin luna, todas las criaturas que moran en la oscuridad salían de sus escondrijos y se dedicaban a hacer maldades y buscar la perdición de quienes no estaban al abrigo de sus hogares y se aventuraban por las marismas.

Bueno, pues sucedió que la Luna se enteró de todo esto y siendo bondadosa y gentil, se apenó muchísimo al saber lo que ocurría en la ciénaga cuando ella le daba la espalda. Así que se dijo, «Iré a verlo con mis propios ojos. Quizá, después de todo las cosas no estén tan mal como dice la gente».

De manera que, al terminar el mes, la Luna se envolvió con una capa negra y se tapó sus cabellos brillantes con una caperuza del mismo color, y descendió a las lindes de la ciénaga. Allí todo estaba cubierto de agua y cieno, mechones de hierba que se agitaban y grandes árboles retorcidos. La oscuridad era total. No había más luz que el pálido brillo de las estrellas sobre las aguas, y el fulgor que emanaba de los pies de la Luna. Ésta echó a andar y se adentró hasta el centro mismo de la ciénaga, mirando a su alrededor. Y lo que veía era terrible. Las brujas pasaban a su lado montadas en sus grandes gatos negros y los fuegos fatuos danzaban con sus farolillos colgados de la espalda. Los muertos se alzaban del agua y miraban de un lado a otro con sus rostros pálidos y retorcidos, con todo el fuego del infierno reluciendo desde las cuencas vacías de sus ojos, y las viscosas manos muertas pululaban de un lado a otro haciéndole señas sin cesar.

La Luna se arrebujó más en su capa negra, temblando de miedo. Pero no podía volverse atrás sin ver todo lo que había que ver, así que siguió adelante, avanzando ligera como el viento de verano, saltando de un haz de hierba a otro, sorteando las voraces arenas movedizas, y justo cuando se acercaba a una gran laguna negra, se le torció un pie y estuvo a punto de caerse, pero se agarró a una rama cercana para recuperar el equilibro. Pero nada más tocarla la rama se enzarzó en sus muñecas como un par de grilletes y la dejó inmóvil. La Luna tiró y se retorció, debatiéndose, pero era inútil. La tenaza era firme y no había manera de aflojarla. Así que la Luna miró a su alrededor y se preguntó si alguien la ayudaría, pero allí no había más que criaturas malignas que iban y venían de un lado a otro, ocupadas en sus malandanzas.

Pero entonces, mientras permanecía temblorosa en la oscuridad, la Luna escuchó a alguien que gritaba a lo lejos. La voz resonó claramente y luego se fue apagando hasta terminar con un sollozo, para luego resonar de nuevo, cargada de miedo y dolor.

Era un hombre que se había extraviado en la oscuridad y corría por entre el cieno. A su alrededor se agolpaban los muertos y los horrores reptantes. Voces surgidas de ninguna parte se burlaban de él, mientras las manos muertas tiraban de sus vestidos. Delante de él los fuegos fatuos agitaban sus farolillos y se retorcían con malévolo regocijo, mientras lo alejaban más y más del sendero correcto. Sobrecogido de miedo y de asco por las criaturas que le rodeaban, el hombre se esforzaba por dirigirse hacia las luces parpadeantes, creyendo que le llevaban a lugar seguro.

Cuando la pobre Luna vio que aquel hombre se acercaba más y más a las mortales arenas movedizas y agujeros profundos de la ciénaga y se alejaba sin remedio del sendero, le entró tal rabia y tal pena por él que luchó y se debatió, tirando más fuerte que nunca, y aunque a pesar de sus esfuerzos no pudo liberarse, la caperuza negra se le cayó hacia atrás, mostrando sus brillantes cabellos dorados, y la hermosa luz que emanó de ellos despejó la oscuridad.

Al instante, las criaturas malignas se escabulleron hacia las penumbras, y el hombre al que atormentaban suspiró de alivio, y pudo ver dónde se encontraba, y dónde estaba el sendero, y qué camino debía tomar para salir de las marismas. Tan deseoso estaba de huir de la ciénaga y sus criaturas repugnantes que apenas se fijó en la fuente de aquella luz salvadora. Y la propia Luna estaba tan absorta en salvar al hombre y alegrarse de que hubiera encontrado el buen sendero, que se olvidó de que ella misma necesitaba ayuda, y de que el árbol maligno la tenía prisionera.

De modo que el hombre logró escapar y salir de la ciénaga, pero la Luna quedó allí, prisionera, y aunque siguió debatiéndose como una loca al final cayó de rodillas al pie del árbol, agotada por el forcejeo. Y mientras estaba así, jadeante, con la cabeza gacha, la caperuza volvió a cubrir sus cabellos, y aunque ella intentó quitársela otra vez, le fue imposible. De modo que la bendita luz se apagó de nuevo, y de la oscuridad volvieron a salir todas las criaturas, profiriendo unos aullidos estremecedores. Rodearon a la Luna, su enemiga, burlándose de ella, golpeándola, chillando de rabia y despecho. ¡Qué algazara se armó! Y allí estaba la pobre Luna, agazapada, temblorosa, pensando en cuándo acabarían con ella.

—¡Maldita seas! —vociferaban las brujas—, ¡este año echaste a perder nuestros embrujos!

—¡Y tú por las noches nos confinabas en nuestros ataúdes! —gemían los muertos.

—¡Por tu culpa nos teníamos que esconder en los rincones! —aullaban los espectros.

Y todas la criaturas se unieron al gran alboroto, hasta que se agitaron los hierbajos y el agua burbujeó. Entonces comenzaron de nuevo:

—¡Te envenenaremos, te envenenaremos! —gritaron las brujas.

—¡Te ahogaremos, te ahogaremos! —susurraron los horrores reptantes, agarrándola por las rodillas.

—¡Te estrangularemos, te estrangularemos! —chillaron las manos muertas, haciendo ademán de lanzarse a su cuello.

Y todos gritaron de nuevo con despecho y malevolencia. La pobre Luna se encogió más, deseando estar ya muerta.

Las criaturas discutieron y se pelearon sobre qué debían hacer con ella, hasta que una pálida luz gris comenzó a asomar en el cielo, anunciando el alba. Al ver aquello, las criaturas temieron no poder llevar a cabo su venganza, así que agarraron a su víctima con sus dedos viscosos y la metieron en lo más hondo del agua, al pie del árbol retorcido que la había hecho prisionera. Los muertos la sujetaron, mientras las brujas le ponían encima una enorme piedra, para evitar que se levantara. Después pusieron a dos fuegos fatuos para que se turnaran en vigilar el árbol y se aseguraran de que su enemiga permanecía allí, incapaz de frustrar sus malignos designios. Entonces amaneció y todas las criaturas se escabulleron hacia sus escondrijos. Y allí quedó la pobre Luna, muerta y enterrada en la ciénaga hasta que alguien la liberara, pero ¿quién sabría dónde buscarla?

Bueno, pues pasaron los días, y cuando se acercó el momento de la nueva luna la gente se preparó para recibirla, alegre de que, por fin, pasado el tiempo de la oscuridad, los caminos volvieran a ser seguros. Pero transcurrieron días y noches, y la nueva luna no llegó. Todas las noches eran oscuras, y las criaturas malignas se volvieron más malas que nunca. Nadie se atrevía a viajar, y los espectros se pusieron a rondar las casas, aullando y riendo de un modo capaz de despertar a los mismos difuntos, obligando a la gente a tener las luces encendidas durante toda la noche, para evitar que los horrores atravesaran sus umbrales.

Pasaron los días, y la Luna no aparecía. Los aldeanos tenían cada vez más miedo, así que acudieron a una mujer sabia que vivía en el viejo molino, para que intentara averiguar dónde podía estar la Luna.

La mujer miró en el puchero y en su espejo mágico, y consultó su libro.

—Bueno —dijo finalmente—, resulta muy extraño, pero la verdad es que no puedo deciros qué ha podido pasarle a la Luna. Todo está muy oscuro. Tened calma. Pensaré en ello y quizá todavía pueda ayudaros. Si os enteráis de algo, venid a decírmelo. De todos modos, poned sal, una brizna de paja y un botón en los umbrales de vuestras casas. De este modo, con luz o sin ella, los horrores no podrán entrar.

Los aldeanos volvieron a sus casas y como con el paso de los días la Luna no aparecía, podéis estar seguros de que hablaron de ello. En casa, y en la taberna, en los campos y en el camino, la gente no hablaba de otra cosa. Un día en que estaban todos sentados en el gran banco de la taberna, fumando y bebiendo, un hombre del otro lado de la ciénaga que escuchaba su conversación se levantó de pronto y exclamó:

—¡Por todos los santos! ¡Lo había olvidado por completo, pero creo que sé dónde está la Luna!

Entonces explicó a todo el mundo cómo, una noche, se había perdido en la ciénaga y cómo, cuando ya estaba casi muerto de miedo, brilló una luz que hizo huir a las criaturas malignas y le mostró el sendero salvador.

—Tenía tanto miedo —continuó—, que la verdad es que no miré mucho de dónde salía la luz. Pero recuerdo que era maravillosa, blanca y suave como la de la propia Luna. Y procedía de algo que estaba junto a un árbol negro y retorcido que brotaba del agua.

Así que volvieron a casa de la sabia anciana, y se lo contaron todo, y ella miró otra vez en el puchero y en el Libro, y entonces meneó la cabeza.

—¡Hijos míos, la cosa sigue oscura, muy oscura! —dijo—. La verdad es que no puedo ver nada, pero haced lo que os diré y veremos qué pasa. Salid de vuestras casas justo antes del anochecer, poneos una piedra en la boca y llevad en la mano una ramita de avellano. Caminad entonces sin miedo hasta el centro de la ciénaga, y mirad a vuestro alrededor hasta que encontréis un ataúd, una vela y una cruz. Entonces no estaréis lejos de la Luna, y quizá la encontréis. Pero recordad esto: hasta que no estéis de vuelta en vuestras casas, no digáis palabra.

Todos se miraron entre sí, dubitativos.

—Pero, ¿dónde la encontraremos? —preguntó uno.

—¿Y cómo llegaremos hasta allí? —preguntó otro.

—¿Y no nos atraparán los espectros? —dijo otro más.

Y así todos expresaron sus dudas y sus temores.

—¡Silencio! —exclamó la anciana, furiosa—. ¡Pandilla de estúpidos! No puedo deciros más. Haced lo que os he dicho y nada temáis. Y si no os gusta, pues quedaos en casa y arregláoslas sin vuestra Luna.

De modo que, a la noche siguiente, se juntaron todos y, llevando cada uno una piedra en la boca y una ramita de avellano en la mano, se adentraron en la ciénaga. Muy asustados, caminaron a trancas y barrancas por entre el cieno y el agua, y aunque oyeron suspiros, y notaron cómo unos dedos fríos les tocaban, no vieron nada. Pero siguieron adelante, mirando alrededor, en busca del ataúd, la vela y la cruz. De pronto, se detuvieron, temblorosos y con cara de asombro pues allí, ante ellos, había una gran piedra, medio dentro, medio fuera del agua, que parecía un enorme y extraño ataúd. En un extremo de aquella piedra se alzaba un tronco negro con dos ramas extendidas a cada lado, y sobre él parpadeaba una llamita, como la que saldría de una pequeña vela. Todos se arrodillaron sobre el cieno, y rezaron el Padrenuestro, primero de principio a fin, por la cruz, y luego del final al principio, para tener a raya a los espectros. Pero todo esto en silencio, pues sabían que las criaturas malignas los atraparían si incumplían las instrucciones que la sabia anciana les había dado.

Los aldeanos se acercaron más, y tomaron entre todos la gran piedra y la apartaron con mucho esfuerzo. Entonces, por un instante, vieron un rostro extraño y hermoso que les miraba con alegría desde las aguas negras. Pero tuvieron que hacerse a un lado, aturdidos por la luz y por el desgarrador alarido que profirieron los horrores en su huida. Al cabo de un instante, cuando ya pudieron ver, allí estaba la luna llena, brillando en el cielo, blanca y hermosa como siempre, iluminando la ciénaga y los senderos como si fuera de día, de modo que los aldeanos pudieron volver sanos y salvos a sus hogares.

Desde entonces la Luna no ha dejado de brillar sobre la ciénaga, pues sabe que con la oscuridad surgen los horrores y reina el mal, y se acuerda de cómo los hombres de la región salieron en su busca cuando ella estaba muerta y enterrada.

LA CREACIÓN DEL MUNDO
(Carelia)

Carelia es una región del norte de Europa que hoy forma parte de la Federación Rusa. Sin embargo, la lengua y la cultura de este pequeño territorio están íntimamente emparentadas con las de la vecina Finlandia. En toda esa zona los cantores de relatos, hasta hace muy poco, narraban un largo ciclo de historias centradas en torno a la figura del sabio y poderoso Väinämöinen. El que sigue a continuación es el primer relato de ese ciclo.

Treinta veranos, treinta inviernos, se gestó Väinämöinen en el seno de su madre. Cuando vino al mundo, Väinämöinen era ya un hombre viejo y sabio, un mago poderoso.

Un día, hallándose Väinämöinen a orillas del mar, fue visto por un hechicero de las Tierras del Norte, que le odiaba. El deforme hechicero tomó su aljaba llena de saetas. Puso una flecha en el arco y disparó. La flecha fue demasiado baja, y se perdió. Una vez más disparó, pero la flecha pasó demasiado alta, y se perdió. Por tercera vez tensó el hechicero su arco y disparó. La flecha traspasó el hombro derecho de Väinämöinen, y éste se hundió en el mar, con las manos extendidas hacia las olas.

Seis años anduvo Väinämöinen a la deriva sobre las aguas. Allí donde la tierra se encuentra con la tierra, el sabio bendijo los lugares donde los pescadores tiran las redes y aró el fondo de las aguas. Donde había mar abierto formó Väinämöinen peñascos y elevó arrecifes. Allí se hunden los barcos, se pierden las cabezas de los mercaderes.

Un ganso, un ave del cielo, sobrevoló las aguas buscando un recodo donde anidar. Väinämöinen hizo que su rodilla emergiera sobre las aguas, cual una verde colina, un cerro cubierto de hierba. El ave escarbó la tierra y se hizo un nido de cobre, removió el brezo sobre la rodilla de Väinämöinen y puso un huevo de oro.

El ganso, el ave del cielo, incubó su huevo sobre la rodilla de Väinämöinen. Éste sintió el calor, notó cómo su rodilla ardía y la movió. El huevo cayó rodando sobre las aguas y se hizo pedazos contra los arrecifes.

Y el viejo Väinämöinen dijo:

—La mitad inferior del huevo será la madre tierra, que está debajo. La mitad superior del huevo será la bóveda celeste. Los pedazos de la cáscara serán las estrellas del cielo. La yema será el sol que brilla en lo alto. La clara será la luna que reluce en la noche.

De este modo, del huevo del ganso y de las palabras del viejo sabio, surgió el mundo tal como lo conocemos. En ese mundo, Väinämöinen emergió de las aguas y vivió muchas aventuras.

EL SOL Y EL ERIZO
(Bulgaria)

Hace mucho tiempo, el Sol decidió casarse, e invitó a todos los animales a su boda. Al saber que el Sol deseaba invitarlos a todos, el Erizo se escondió en un agujero, pues no le apetecía nada ir de boda. Así que cuando el Sol fue a casa del Erizo para transmitirle personalmente la invitación, no lo pudo encontrar por ninguna parte. De todos modos, para asegurarse de que no faltaría a la boda, rogó a sus vecinos que le dieran el mensaje. Eso fue lo que sucedió: los vecinos dijeron al Erizo que estaba invitado a la boda, y lo pusieron en una situación difícil. El Erizo hizo cuanto pudo para rehuir el compromiso, y se inventó toda clase de excusas, pero pronto se dio cuenta de que es imposible decirle que no al rey de la vida, así que se unió al resto de los animales y fue a la celebración.

Cuando se dirigían al palacio del Sol los animales estaban llenos de entusiasmo, y se lo pasaban en grande. Todos menos el Erizo, que se mantuvo callado durante todo el camino. Una vez en el palacio del novio, los animales se sentaron cómodamente a la mesa y comenzaron a comer y beber, de modo que, al poco rato, todos estaban borrachos y ahítos. Todos menos el Erizo que, sentado en un rincón, se dedicaba a roer una piedra que había traído. Al poco, el León, rey de los animales, soltó un estremecedor rugido, y todos los animales callaron, muy asustados. Sólo el Erizo no se asustó y, sentado en su rincón, continuó royendo la piedra.

Pasado un rato, se abrió la puerta y una gran ola de calor invadió la sala. Era el novio, que se presentaba ante sus invitados. Muy contento, el Sol recorrió el lugar y animó a todo el mundo a comer y beber. Sin embargo, cuando llegó al Erizo, el Sol vio que no sólo no estaba disfrutando de la fiesta, sino que además se dedicaba con fruición a roer una piedra.

—Erizo, ¿qué haces? —preguntó el Sol—. Si estás insatisfecho, no tienes más que decirlo, y te traeremos la comida que quieras. Deja ya esa piedra.

—No me pasa nada, pero prefiero roer de vez en cuando esta piedra porque hay algo que no puedo quitarme de la cabeza. Verás, se me ha ocurrido que, aunque hasta el momento eres el único sol, ya hace bastante calor. Sin embargo, ahora vas a casarte y, sin duda, querrás tener hijos. ¿Qué sucederá si nacen más soles? Hará tanto calor que todas las plantas se secarán, y la tierra se convertirá en un desierto. ¿Qué comeremos entonces? Más vale que nos acostumbremos ya a comer piedras, para que más tarde, cuando sobre la tierra no queden más que piedras, éstas no nos sepan tan mal.

Al oír aquello, el Sol se quedó muy pensativo, y, sin decir palabra, salió de la habitación. No volvió en mucho tiempo, y sus invitados se preguntaron por qué de pronto había adquirido ese aire tan preocupado. El Ratón miró por un agujero para ver qué hacía el novio. Allí estaba, sentado en una silla, ensimismado, con la cabeza apoyada en el pecho. El Ratón se asustó y volvió con los demás para decirles lo que había visto. Al cabo de un rato, el Sol, con aire apesadumbrado, volvió a presentarse antes sus invitados, que lo recibieron con un expectante silencio.

—Amigos míos, mucho me temo que tendréis que volver a casa. He decidido que, en interés de todos, lo mejor es que no me case.

Y éste es el motivo por el que, hoy día, en el cielo no hay más que un sol.

Al verse privados tan inesperadamente de su diversión, los animales se enfurecieron y se abalanzaron sobre el Erizo con la intención de matarlo. Pero él se ocultó a tiempo, y sólo se atrevió a salir mucho más tarde, cuando todos se hubieron marchado. Hasta ese momento, el Erizo no tenía púas. Pero después de lo sucedido en su palacio, el Sol le dio las púas para que pudiera protegerse de los demás animales. Por eso puede convertirse en una bola, y no tenerle miedo a nadie.

LA SIMIENTE DE LA TIERRA
(Rumanía)

Antes de la creación, el mundo no era más que una vasta extensión de agua, un océano interminable del que no sobresalía ni el más diminuto peñasco. Un día, Dios y Satán paseaban sobre las aguas cuando al primero se le ocurrió que había llegado el momento de hacer la tierra.

—¿Cómo esperas hacer la tierra si no tienes con qué? —le dijo Satán—. Yo aquí no veo más que agua y más agua.

—Tú me ayudarás a conseguir el material que necesito. Sumérgete hasta el fondo del mar y, en mi nombre, toma un poco de lodo del fondo. Ese lodo será la simiente de la tierra. Cuando lo tengas, sube otra vez y dámelo.

Satán no estaba muy deseoso de ayudar a Dios, pero resolvió hacerle caso y se zambulló en las aguas. Buceó y buceó, pues el mar era muy profundo, hasta llegar hasta el lecho de las aguas. Cuando tocó el fondo tomó un pedazo de la simiente de la tierra pero en lugar de hacerlo en el nombre de Dios lo hizo en el suyo. Por ello, cuando volvía a la superficie, todo el lodo se deslizó entre sus dedos, y cuando llegó arriba no le quedaba nada.

—¿Has conseguido lo que te pedí? —preguntó Dios.

—Tomé la simiente en mis manos —repuso Satán—, pero al subir se me escapó entre los dedos.

—Bueno —dijo entonces Dios—. Me temo que tendrás que volver a zambullirte, y cumplir mis instrucciones al pie de la letra. De lo contrario, no podré hacer la tierra.

A regañadientes, Satán volvió a zambullirse. Tras mucho bucear, llegó hasta el lecho de las aguas y, una vez más, tomó un pedazo de lodo diciendo que lo hacía en su nombre. Al igual que antes, cuando subía a la superficie, todo el lodo se deslizó de entre sus dedos, de modo que cuando se presentó ante Dios tenía las manos vacías.

—Creo que no estás haciendo lo que te he ordenado —dijo Dios—. Vuelve a intentarlo, y esta vez hazme caso en todo.

Así que Satán se zambulló por tercera vez. Buceó y buceó, hasta llegar al fondo. Esta vez, escarmentado por los dos fracasos anteriores, Satán tomó la simiente en su nombre y en el de Dios, confiando en que, de esta manera, le sería posible llevarla hasta arriba. Pero le pasó lo mismo que antes, y el lodo fue deslizándose de sus dedos mientras ascendía a la superficie. Sin embargo, esta vez Satán notó que un pizca diminuta de la simiente, la que había tomado en nombre de Dios, había quedado prendida bajo sus uñas.

—Toma —le dijo a Dios entregándole el ínfimo pedazo—. Esto es todo lo que he podido traer. Sin embargo, me parece que no te va a servir de mucho.

—Al contrario —replicó Dios—. Esto es justo lo que necesitaba.

Dios tomó el pedacito de lodo y comenzó a amasarlo de tal manera que, al poco, quedó convertido en una enorme extensión de tierra que colocó sobre las aguas. Satisfecho por su labor, Dios decidió tenderse a descansar sobre la tierra recién creada.

«Vaya, vaya —se dijo entonces el Satán—. Después de todo, Dios ha sido capaz de crear la tierra. Ahora que está dormido acabaré con él y la tierra será toda mía.»

De modo que Satán se acercó a Dios y comenzó a empujarlo, con la idea de arrojarlo al mar para que se ahogara. Sin embargo, a medida que Satán iba empujando a Dios, la tierra se ensanchaba y se hacía cada vez más grande bajo su cuerpo, de tal modo que era imposible alcanzar la orilla, pues ésta se alejaba más y más. Satán no podía creer esto, y siguió empujando, hasta que, al final, la tierra lo cubrió todo, y el agua no tuvo espacio donde mantenerse. Frustrado a más no poder, a Satán no le quedó más remedio que esfumarse.

Al despertar y no ver a Satán por ninguna parte, Dios se dio cuenta de lo que había pasado. «No es esto lo que yo quería —se dijo Dios—. Sin agua el mundo no puede existir. Es necesario poner algún remedio a este problema.»

Dios convocó entonces a la abeja y le dijo:

—Ve junto al erizo, que es el más sabio de todos los animales, y pregúntale qué puedo hacer para que vuelva a haber agua sobre el mundo.

Sin perder tiempo, la abeja voló hasta la casa del erizo y le planteó el problema de Dios. Pero el erizo se negó a ayudar.

—Dios lo sabe todo —replicó—. Ya se le ocurrirá alguna cosa.

«Bueno —se dijo la abeja—, no puedo volver ante Dios sin llevarle la respuesta a su problema. Me quedaré por aquí y, como el erizo acostumbra a hablar solo, estaré atenta a lo que pueda decir.»

La diminuta abeja se escondió en un recodo de la casa del erizo y aguardó pacientemente a que éste dijera algo. Y no tuvo que esperar mucho, pues al poco tiempo le oyó murmurar: «Está claro que Dios no sabe que, para dejar sitio a las aguas, es preciso hacer las montañas y los valles».

Zumbando de alegría, la abeja corrió al encuentro de Dios. El erizo se dio cuenta de que le había estado espiando, y gritó a sus espaldas:

—¡A partir de ahora quedarás maldita, y no comerás más que inmundicias!

Dios, sin embargo, recompensó a la abeja, bendiciéndola:

—Te alimentarás de cieno y suciedad, sí, pero todo lo que comas se convertirá en miel, la más dulce de las sustancias.

Y así ha sido desde entonces.

ÁFRICA

EL SOL, LA LUNA Y EL AGUA
(Efik-Ibibio, Nigeria)

Hace mucho, mucho tiempo, Sol y Agua eran grandes amigos y vivían juntos en la tierra. Sol visitaba muy a menudo a Agua, pero Agua no le devolvía nunca las visitas. Esto sucedió durante tanto tiempo que, finalmente, Sol decidió preguntarle a su amigo cuál era el problema.

—Me he dado cuenta —le dijo un día—, de que, aunque yo te vengo a ver con mucha frecuencia, tú nunca has venido a mi casa. ¿Podrías decirme a qué se debe eso?

—Bueno —repuso Agua—, no se trata de que yo me niegue a visitarte. Pero resulta que tu casa no es lo bastante grande para mí. Si viniese a verte acompañado por todos los míos, terminaría por echarte de tu propio hogar.

—Te entiendo —dijo Sol—, pero aun así quisiera que vinieses a verme.

—Está bien —concedió Agua—, si quieres que vaya a verte, así lo haré. Después de todo, tú me has visitado tantas veces. Pero para que esto sea posible debes construir un recinto muy grande. Te advierto que debe ser enorme, pues los míos son muy numerosos y ocupan mucho espacio.

—De acuerdo, prometo que construiré un recinto lo bastante grande como para que tú y los tuyos podáis venir a verme.

Los dos amigos se despidieron muy satisfechos. Sol fue inmediatamente a su casa, donde le recibió su esposa, Luna. Sol le explicó entonces a Luna la promesa que le había hecho a Agua, y al día siguiente comenzó a construir un enorme recinto en el que recibir a su amigo.

Una vez lo hubo terminado, Sol hizo saber a Agua que él y los suyos estaban invitados a su casa.

De manera que, al día siguiente, Agua y sus parientes, los peces y los animales acuáticos, se presentaron en casa de Sol.

—Aquí estamos —anunció el invitado—. ¿Lo has preparado todo? ¿Podemos entrar sin problemas?

—Podéis entrar cuando queráis —replicó Sol.

Entonces Agua comenzó a fluir hacia el interior del recinto. Al poco, el nivel de las aguas llegaba hasta las rodillas, así que el invitado preguntó:

—¿Podemos seguir entrando? ¿Hay suficiente espacio?

—Por supuesto, por supuesto —repuso Sol—. Entrad todos los que queráis.

Y Agua siguió fluyendo al interior del recinto, hasta que llegó a alcanzar la altura de la cabeza de un hombre.

—Bueno —dijo entonces Agua—, ¿queréis que entren más de los míos?

Sin pensar mucho en las consecuencias, sus huéspedes dijeron que sí, de manera que siguió entrando Agua, hasta que al final Sol y Luna tuvieron que encaramarse en las vigas del techo. Agua volvió a preguntar si él y los suyos podían seguir entrando. Sol y Luna le dijeron que sí, de manera que el recinto se fue llenando más y más. Tanta agua entró que pronto superó el nivel del techo, obligando a Sol y Luna a refugiarse en el cielo, donde se han quedado desde entonces.

Los efik-ibibio viven en la provincia nigeriana de Calabar. Su modo de vida tradicional se basaba en la pesca, aunque más tarde adoptaron también la agricultura y el comercio.

ANANSI, LA ARAÑA
(Sefwi, Ghana)

Entre los pueblos del África Occidental, el gran héroe pícaro y em-baucador es Anansi, la Araña, sobre quien, para regocijo de pequeños y mayores, se narran mil y una aventuras, como las dos que siguen.

Un día, Anansi, la Araña, se presentó ante Nana Nyami, el Dios del Cielo, para hacerle una importante petición.

—Nana Nyami, quiero que las historias que se cuentan sobre ti se cuenten sobre mí, que soy persona de muchas y variadas aventuras. En fin, que he venido a comprarte las historias.

—Bueno —respondió Nana Nyami—, tuyos serán los cuentos, pero tendrás que traerme tres cosas a cambio.

—No tienes más que nombrarlas —dijo Anansi—. Yo te las traeré.

Entonces dijo Nana Nyami:

—Tráeme un leopardo vivo, una olla llena de abejas y una serpiente pitón viva.

La perspectiva de tener que hacerse con aquellas cosas aterrorizó a Anansi quien, sin embargo, accedió a conseguirlas. Así que volvió a casa y se puso a pensar.

Finalmente, se le ocurrió una idea. Tomó aguja e hilo y se dirigió a la selva donde vive el leopardo. Una vez allí fue hasta el arroyo donde bebía el felino, se sentó sobre una piedra, sacó la aguja y el hilo y se cosió los párpados, de modo que no podía despegarlos. Después se puso a esperar hasta que oyó los pasos de Leopardo, que se acercaba al arroyo para beber. Entonces comenzó a canturrear para sí:

—Ummmm, ¡qué bueno es Nana Nyami! Me ha cosido los ojos y me ha llevado a este sitio maravilloso, donde puedo ver cosas extraordinarias: bellas mujeres, palacios, manjares exquisitos. ¡Vaya, esto si que es vida!

Leopardo se acercó y dijo:

—¡Eh, Anansi! ¿Estás soñado?

—No —repuso Anansi—. Aquí tengo al alcance de la mano todas estas cosas maravillosas.

De modo que a Leopardo le entró envidia, y quiso disfrutar tanto como Anansi.

—Por favor, amigo, cóseme los ojos y llévame ante Nana Nyami, para que yo también pueda ver cosas maravillosas.

—Ah no, te conozco, Leopardo. Una vez estés allí y veas todas estas cosas y criaturas maravillosas te abalanzarás sobre ellas y las matarás para devorarlas.

—¡En absoluto, en absoluto, amigo Anansi! —rogó Leopardo—. No haré nada de eso. Es más, te daré las gracias encarecidamente por haberme ayudado.

Anansi se hizo mucho de rogar, pero finalmente tomó aguja e hilo y cosió los párpados de Leopardo. Después lo condujo al palacio de Nana Nyami.

—Bueno —le dijo Anansi al Dios del Cielo—, aquí tienes el primer pago. Guárdalo bien.

Al día siguiente, Anansi tomó una olla de barro y fue a un lugar donde había una colmena de abejas.

—¡Abejas, abejas! —exclamó Anansi nada más verlas.

—Anansi —replicaron los insectos—, ¿a qué vienen esas exclamaciones?

—Bueno —repuso Anansi—, resulta que he estado discutiendo con Nana Nyami. Él dice que todas vosotras no cabéis en esta olla, y yo digo que sí, de modo que he venido aquí para ver si me ayudáis a salir de dudas.

—¡Por favor! —exclamaron las abejas—, eso sí que es fácil.

De modo que, zumbando como locas, las abejas echaron a volar hacia la olla, hasta que todas estuvieron dentro.

Entonces Anansi tapó rápidamente la olla y se la llevó a Nana Nyami como segundo pago.

Pasaron varios días, y Anansi no encontraba un modo de obtener el tercer pago: una serpiente pitón viva. Pero finalmente dio con un buen plan. Tomó un palo muy largo y se introdujo con él en el bosque, canturreando para sí:

—¡Estoy en lo cierto, él está equivocado! ¡Estoy en lo cierto, él está equivocado!

Cuando la pitón pasó por allí y oyó a Anansi sintió curiosidad.

—¿Qué andas murmurando? —preguntó.

—¡Vaya qué suerte encontrarte aquí! Pues mira, te explicaré. Resulta que he tenido una larga y enconada discusión con Nana Nyami. Hace tiempo que te conozco y sé bien cuáles son tus medidas, cuando estás enrollada y cuando te estiras del todo. Nana Nyami tiene un bajo concepto de ti. Piensa que sólo eres un poco más larga que una culebra cualquiera y, desde luego, no mides tanto como la cobra. Yo estoy en total desacuerdo con él, y para probar que tengo razón he traído esta pértiga con la que medirte.

Al escuchar aquello, Pitón se enfureció.

—¡Vaya! ¿Con que esas tenemos? ¿Eso es lo que piensa de mí Nana Nyami? ¡Ya veremos!

Y diciendo esto comenzó a estirarse cuan larga era sobre el palo.

—¡Te estás moviendo! —dijo Anansi—. Si te mueves no podremos saber lo larga que eres de verdad. Deja que te ate al palo para que pueda medirte con exactitud.

Pitón estuvo de acuerdo, y Anansi ató a la gran serpiente al palo. Hecho esto, sin atender a las airadas protestas del reptil, lo llevó ante Nana Nyami.

El Dios del Cielo se mostró muy satisfecho con Anansi y, en premio por su astucia, que le había permitido hacerse con aquellas peligrosas criaturas, hizo saber a todo el mundo que, en adelante, todos los cuentos que antes se narraban sobre él ahora se contarían sobre Anansi.

Y, de este modo, Anansi se convirtió en el protagonista de los cuentos que conocemos.

Cuentan que, en lo peor de la hambruna que hizo estragos en tiempos de nuestros bisabuelos, Anansi, la Araña, viajó hasta una tierra lejana en busca de comida.

Tras mucho caminar, llegó hasta una casita en la que vivía una extraña anciana cuya espalda estaba cubierta de mugre endurecida y cuyos dientes eran tan largos que se le salían de la boca como si fueran colmillos.

—Nadie viene nunca por aquí —dijo la vieja cuando vio entrar a Anansi—. ¿A qué has venido?

Anansi le respondió:

—Tú, vieja sucia, ¿crees que me pasaría siquiera por la mente entrar en tu mugrienta casa de no ser por el hambre?

La vieja le dijo entonces:

—Oh, pues si es por hambre no tienes de qué preocuparte. Aquí hay comida de sobras para los dos.

Anansi se puso muy contento y dijo:

—Mira, después de todo no eres tan sucia. No eres tan mala al fin y al cabo.

La vieja pidió a Anansi que hirviera un trozo de ñame para la cena, pero añadió:

—Pela el ñame y tira lo de dentro. Echa las peladuras en la olla y hiérvelas.

—¡Ey! —respondió Anansi—. ¿Crees que soy tan tonto como tú? ¿A quién se le ocurre preparar peladuras de ñame?

De modo que puso el ñame en la olla, la colocó en el fuego, y tiró las peladuras.

Cuando le pareció que la comida ya estaría lista, Anansi sacó la olla del fuego. Para su estupor, el ñame se había convertido en piedrecitas. «¡Demonio! —se dijo Anansi al ver aquello—. Parece que la vieja tenía razón, después de todo. Veremos lo que pasa si sigo sus instrucciones.»

De modo que Anansi recogió las peladuras y las metió en la olla. Cuando terminó la preparación, echó un vistazo y vio que dentro de la olla había un apetitoso ñame, enterito y listo para comerse.

Al día siguiente, Anansi prosiguió viaje, pues sentía curiosidad por explorar aquel país. A lo largo del camino crecían muchos ñames, y estos ñames no dejaban de hablarle a Anansi. Unos decían «¡Cógeme!», mientras que otros, en cambio, exclamaban: «¡No me cojas!».

—Ni que fuera tonto —dijo Anansi—. Lo que decís me da una pista de cuáles son los maduros.

Desenterró algunos de los ñames que decían: «¡Cógeme!». Al final del día encendió un fuego y preparó los ñames, pero éstos se convirtieron en piedrecillas, y Anansi se quedó sin comida.

Al amanecer, Anansi prosiguió su viaje. Una vez más, había ñames que decían, «¡Cógeme!» y otros que decían: «¡No me cojas!». Esta vez Anansi tomó unos cuantos de estos últimos y, cuando los preparó, resultaron deliciosos.

Anansi prosiguió su viaje. Cruzó un arroyo que decía: «¡Bébeme, bébeme, bébeme!» y otro que decía: «No me bebas, no me bebas, no me bebas!».

Cuando Anansi bebió el agua del arroyo que decía que le bebiera, se le abrasó la boca. Era muy amarga y ardiente. Pero cuando bebió el arroyo que decía: «¡No me bebas!» el agua resultó ser dulce y refrescante.

De modo que llegó a la conclusión de que estaba en un país encantado, en una tierra en la que las cosas andaban patas arriba. Decidió, pues, hacer siempre lo contrario de lo que se hace habitualmente. Y, en efecto, la cosa funcionó.

Más tarde, en las afueras de una bonita aldea, Anansi se encontró con una mujer que lo llevó a su casa y lo agasajó. Resulta que esta mujer tenía un ñame mágico. Cuando se cortaba un trozo de este ñame para comerlo, volvía a crecer, de modo que el fruto quedaba siempre entero. Pero había una condición: quien quisiera comer de él tenía que saber su nombre. La mujer preparó un trozo de este ñame y lo puso delante de Anansi para que se lo comiera.

—Pero antes —le dijo—, me tienes que decir cómo se llama.

Anansi dijo entonces los nombres de distintos tipos de ñame, pero el ñame mágico tenía un nombre que no se parecía en nada a ésos.

Finalmente, la mujer dijo:

—Pues me voy a comer mi Dragaga.

Y se lo zampó todo sin darle nada a Anansi salvo el nombre del ñame mágico.

De modo que Anansi se puso a repetir para sí durante toda la noche: «Dragaga, dragaga, dragaga». Pero entonces le picó un mosquito, y se paró para maldecirlo. Pero cuando volvió al nombre del ñame lo que ahora decía era «Digirigi, digirigi, digirigi».

A la hora del desayuno, la mujer preparó otro trozo de su ñame mágico, que siempre volvía a crecer. Esta vez Anansi estaba muy tranquilo, pues no había dejado de repetir «Digirigi» en toda la noche. Ambos se sentaron a comer. Antes, claro, Anansi tenía que decir el nombre del ñame.

—Bueno —dijo Anansi muy satisfecho—, pues el ñame se llama Digirigi.

—¡No, nada de eso! —exclamó la mujer—. Y si no hay nombre no hay comida. Ahora me voy a tomar mi Dragaga.

Y así, con gran ostentación, la mujer se zampó todo el ñame.

Una vez más Anansi repitió para sí «Dragaga» durante todo el día pero, desgraciadamente, tropezó contra una piedra y, en su dolor, se puso a gritar, «Radaga, radaga».

Y Radaga fue lo que dijo a la hora de la comida, cuando la mujer le preguntó cómo se llamaba el ñame. Y, claro, Anansi volvió a quedarse sin comer.

Esta vez decidió irse al bosque para aprender bien el nombre del ñame. Lo repitió una y mil veces, mientras caminaba, pues la mujer había vuelto a mencionarlo antes de la comida.

Ahora estaba seguro de sabérselo, de modo que volvió a la casa. Cuando casi había llegado un pájaro echó a volar con gran aleteo desde un lado del camino y se puso a graznar «¡Garada! ¡Garada!».

Tan repentino fue esto que Anansi perdió el equilibrio. Cuando lo recuperó siguió repitiendo el nombre, pero estaba tan confuso que ahora decía:

—Garada, garada.

Y en eso llegó otra vez la hora de la comida, que consistía en un trozo del ñame mágico de la mujer, que siempre vuelve a crecer. Anansi se puso sus mejores ropas y su cinta para el pelo, pues estaba seguro de que aquel día comería bien. La mujer dijo entonces:

—Dime el nombre del ñame y come.

Y dijo Anansi, mientras se frotaba las manos:

—¡Bah! Es fácil: Garada.

—Pues no. ¡Y si no hay nombre no hay comida! ¡Me voy a comer mi Dragaga!

Anansi estaba muy enfadado. «Esto no puede quedar así», se dijo. De modo que cuando la mujer estaba fuera de casa se hizo con el ñame mágico y lo cortó en trocitos, que tiró y diseminó por toda la tierra. Y así es cómo el ñame se extendió por el mundo entero.

POR QUÉ EL CIELO ESTÁ TAN LEJOS
(Somalia)

En el principio de los tiempos, el Cielo estaba tan cerca de la tierra que la gente no tenía más que levantar la mano para tocarlo. En aquel entonces, el Cielo protegía a los seres humanos y a los animales de los vientos fríos y del calor del sol, dándoles cobijo. La gente contaba siempre con la protección del Cielo y era muy feliz.

Así estaban las cosas cuando, un día, dos mujeres, amas de casa, se pusieron a moler grano con uno de esos grandes morteros cuya mano es un bastón grueso y largo. Las dos mujeres estaban en el patio de su casa, y querían preparar comida para sus maridos. Así que comenzaron a moler el grano, pero cada vez que alzaban las largas manos de sus morteros éstas golpeaban la superficie del Cielo, agujereándolo y causándole un gran dolor. Al Cielo no le hizo ninguna gracia que lo trataran de aquella manera, y amonestó seriamente a las mujeres:

—¡Eh, vosotras! Parad de una vez, y dejad ya de darme golpes, que me hacéis daño y me estáis llenando de agujeros. ¿Es que no sabéis que yo os protejo de los vientos fríos y del calor del sol? Si seguís dándome golpes lo echaréis todo a perder.

Pero, concentradas en su trabajo, las dos mujeres no prestaron atención a las palabras del Cielo. Sin inmutarse siquiera, continuaron moliendo su grano.

El Cielo aguantó lo que pudo, pero, por último, fue incapaz de resistir el dolor que le producían las mujeres y, poco a poco, fue alejándose de la

tierra, hasta quedarse donde está hoy. De este modo, por culpa de aquellas mujeres desconsideradas, las criaturas quedaron expuestas a los elementos y perdieron la protección del Cielo.

Lo que llamamos estrellas son los agujeros que las mujeres hicieron sobre la superficie del Cielo con sus morteros, cuando el Cielo estaba cerca de nosotros. De noche, el sol se oculta, pero parte de su brillo se filtra por esos agujeros, que resplandecen en la oscuridad. Es por estos agujeros que quienes vivimos aquí, en la tierra, llamamos al Cielo *Daldaloole*, el que está agujereado.

La gente cuenta también que las nubes son una hermosa muchacha que lleva a su casa un cántaro lleno de agua que saca del pozo. Cuando la muchacha camina de regreso a su casa, el cántaro se bambolea y el agua se derrama por todas partes, cayendo hacia la tierra por los agujeros del Cielo. La gente de este mundo llama lluvia a ese agua.

Al ver que su agua cae hacia la tierra, la muchacha-nube le grita desesperada al Cielo:

—¡Cielo, por favor, no dejes caer mi agua!

A lo que el Cielo responde:

—¿Cómo podría impedirlo, cuando las criaturas de la tierra claman pidiendo agua?

Sucede así que, si aquellas mujeres desconsideradas no hubiesen agujereado el Cielo, y si la muchacha-nube no derramara de tanto en tanto el contenido de su cántaro por todas partes, la tierra no recibiría el agua que tanto necesita.

A diferencia de otros países africanos, en Somalia la mayor parte de la población es de una única etnia, y habla la misma lengua. El modo tradicional de vida de los somalíes es el pastoreo.

EL PÁJARO DE LA CANCIÓN HERMOSA
(Pigmeos bambuti, Zaire)

Hace mucho tiempo, un grupo de bambuti llegó hasta un gran claro de la selva y se dispuso a montar su campamento. Mientras los hombres descargaban sus fardos y las mujeres recogían ramas con las que construir las chozas, un niño se adentró solo en la selva en busca de huevos e insectos que comer. Y estaba muy concentrado en esa labor cuando, como surgido de ninguna parte, llegó a sus oídos un canto extraordinario, el canto más hermoso que la Gran Selva hubiera escuchado nunca. Extasiado, el muchacho se detuvo a escuchar aquella canción maravillosa, que todavía duró un buen rato. «¿Quién sabrá cantar de esta manera?» se preguntó el niño cuando el canto hubo cesado y ya sólo se oía el bullicio habitual de la selva. Sin pensárselo dos veces, el niño se adentró más en la selva, buscando a la criatura capaz de entonar tan bello canto. Quería verla con sus propios ojos. Buscó y buscó, y al cabo de mucho rato, posado en las ramas bajas de un árbol, el niño vio a un pájaro diferente a cuantos había visto hasta entonces. Al instante supo que era él quien había entonado la Canción Hermosa.

—¡Qué bien cantas! —le dijo el niño—. ¡Jamás me cansaría de oírte!

Muy complacido, el pájaro echó a volar y terminó por posarse sobre la cabeza del niño. Éste, muy contento, volvió hasta el campamento de su gente para mostrar su hallazgo. Buscó a su padre y le enseño el pájaro, que seguía posado sobre su cabeza.

—Padre —le dijo—, mira lo que he encontrado en la selva.

—Ciertamente —repuso el padre después de examinar el avecilla con detenimiento—, es un pájaro muy bonito.

El pájaro entonó entonces su canción, la canción más hermosa que la Gran Selva hubiera escuchado nunca. El padre del niño se sintió conmovido por aquella canción, y la alabó.

—Padre —dijo entonces el niño—, ¿acaso este pájaro no merece que le demos un poco de comida?

El padre del niño era un hombre mezquino, y la idea de recompensar al ave por su hermosa canción no le hacía ninguna gracia, pero no tuvo más remedio que ceder. El niño dio al pájaro la mejor comida que había en su casa y el ave, después de saciarse, emprendió el vuelo y se alejó de allí.

Otro día, el niño volvió a adentrarse en la Gran Selva para cazar y escuchó nuevamente la Canción Hermosa. Conmovido, buscó otra vez al ave y no se detuvo hasta que la encontró. Allí estaba, posada en un árbol, entonando su canción.

—¡Qué bien cantas! —le dijo el niño cuando hubo terminado—. ¡Jamás me cansaría de oírte!

Como la otra vez, el pájaro, complacido por aquella alabanza, batió las alas y se posó sobre la cabeza del niño. El niño regresó entonces junto a su gente, y le mostró el pájaro a su padre. El padre alabó de nuevo al ave, y ésta, satisfecha, entonó otra vez su canción. Una vez más, el niño pidió a su padre permiso para alimentar al pájaro. El padre accedió a regañadientes. El niño dio al pájaro los manjares más exquisitos, y el pájaro, una vez saciado, emprendió el vuelo y se alejó de allí.

No mucho después, sucedió lo mismo. Andaba el niño por la selva cuando escuchó el canto del pájaro. Lo buscó y lo buscó y, después de encontrarlo, alabó su canto. El pájaro se posó entonces sobre su cabeza y el niño regresó al campamento. Esta vez, sin embargo, el padre arrebató el pájaro al niño y le dijo:

—¡Ahora márchate y déjame solo! ¡Abandona este campamento y vete a otro! ¡Vete! ¡Vete!

El muchacho dejó a su padre y se marchó a otro campamento. Cuan-

120

do estuvo solo, el padre agarró al pájaro; el pájaro cantó la canción más bella que la Gran Selva haya oído jamás; y el padre mató al pájaro. Y mató la canción. Y apenas hubo matado al pájaro él mismo cayó muerto, completamente muerto, muerto para siempre.

Los bambuti viven en la selva de Ituri, en Zaire. Como los demás pigmeos, son hábiles cazadores que capturan sus presas en cacerías colectivas en las que participa todo el grupo. Su vida ritual es muy rica y variada, y en ella la música, la danza y el canto desempeñan un papel muy importante.

KONANDIMA
(Bosquimanos juwasi, desierto de Kalahari)

En el principio de los tiempos, cuando los animales no se distinguían de las personas, Avutarda era un hombre muy importante. Fue él quien, por orden de Gao Na, el gran dios, marcó a los animales con sus colores y señales características, después de reunirlos a todos en torno a una gran hoguera.

Cuando quiso buscar compañera, Avutarda rechazó a Chacal y se casó con su hermana, Konandima, la serpiente pitón, una muchacha a la que ninguna otra superaba en belleza.

A Chacal, naturalmente, aquello le pareció un desaire inaceptable. «¡Qué lástima! —se dijo—, ¡un hombre que luce en la cabeza una pluma tan espléndida! Ojalá se muriese mi hermana y pudiera casarme yo con ese marido que tiene.»

Un día, las mujeres de la aldea salieron a recoger plantas y tubérculos, pero Chacal se negó a acompañarlas y le dijo a Konandima:

—Hermana, vayamos a la charca para coger agua.

Así que las dos fueron caminando hasta la charca. Junto a ésta, crecía un alto árbol que daba unas riquísimas bayas. Su ancha sombra se proyectaba sobre la charca, y una de sus ramas se extendía justo encima del agua.

—Bueno, bueno —dijo Chacal al ver la deliciosa fruta—. Esas bayas parece que están en su punto. ¿Por qué no te encaramas al árbol, hermanita mía, y recoges unas cuantas? Mira, tú te subes y tiras las bayas al suelo. Si te caes, no te preocupes, que yo te cogeré.

A Konandima, que estaba encinta, aquella idea no le pareció muy buena, y replicó:

—Tú eres una chica fuerte. Sube tú al árbol.

—¡No, no! —replicó Chacal—, súbete tú, que eres más ágil. ¿Acaso desconfías de mí y crees que no te cogeré si te caes del árbol?

Tanto insistió Chacal, que Konandima accedió finalmente a subir al árbol. Antes de hacerlo, dejó junto a la charca los hermosos collares que llevaba puestos, así como sus ajorcas y pulseras. Cuando llegó hasta la rama que crecía sobre la charca se encaramó a ella para hacer caer la fruta. Konandima tomó entonces algunas bayas, mientras, debajo, la glotona de su hermana daba cuenta de las que habían caído al suelo. Al cabo de un rato, Konandima decidió bajar, pero mientras intentaba agarrarse a otra rama para iniciar el descenso resbaló y cayó dentro de la honda charca sin que, por supuesto, Chacal hiciese nada por impedirlo.

Porque, naturalmente, lo que la otra había querido desde buen principio era conseguir que su hermana terminase en el fondo de la charca. De modo que, apenas Konandima se hubo hundido del todo, Chacal se apresuró a ponerse los collares, ajorcas y pulseras de Konandima e, imitando torpemente sus majestuosos andares, se dirigió al poblado.

Entre tanto, Avutarda había vuelto ya de la cacería, y esperaba ansioso el regreso de su mujer. Por eso, se sorprendió muchísimo cuando en su choza entró Chacal haciéndose pasar por la bella Konandima.

«¿Qué le habrá pasado a mi esposa? —se preguntó Avutarda—, seguro que Chacal ha hecho una de las suyas.» Pero fingió no haberla reconocido, y le pidió a la intrusa que extendiera sobre el piso las pieles que usaban para dormir. Antes, sin que ella se diera cuenta, puso en el suelo varias puntas de flecha, impregnadas con el potente veneno que los bosquimanos utilizan en sus cacerías.

—¡Qué mal se está aquí! —protestó Chacal llegado el momento de acostarse, con un graznido ronco y desgarbado, muy distinto de la voz melodiosa de Konandima.

—No entiendo lo que me dices —replicó Avutarda—. Siempre has dormido en el mismo sitio y nunca te he oído quejarte.

Ante esto, Chacal prefirió callarse, y se tumbó a dormir, pero una de las flechas se le clavó en el muslo y, al amanecer, la impostora había muerto.

Esa misma mañana, nada más levantarse, Avutarda reunió a sus compañeros y salió en busca de Konandima. Juntos siguieron el rastro que habían dejado las dos hermanas el día anterior, y cuando llegaron a la charca se dieron cuenta de lo que había sucedido.

—¡Ah! —gimió Avutarda— ¡Mi esposa ha caído en la charca y nunca más volveré a verla!

—No te des por vencido —le dijeron los demás—. Llama a todos los animales y diles que vengan a ayudarte.

—¿Cómo podrán ayudarme? —preguntó Avutarda—, ¿quién sería capaz de llegar hasta ella? Nuestros miembros son muy cortos. Nadie tiene las piernas lo bastante largas como para alcanzar el fondo de la charca. Y si alguien se hunde al intentarlo, nunca más volverá a salir. ¡Tan profundo es el lugar donde está Konandima!

Aun así, Avutarda reunió a todos los animales. Llamó a la Jirafa y al Ñu, a la Gacela y al Orix, y a muchos, muchos animales más. Los juntó a todos alrededor de la charca, y vinieron tantos que aquello era digno de verse.

Entonces, uno a uno, intentaron sacar a Konandima del fondo de la charca. Cada cual introdujo sus piernas en las frías aguas, pero lo más que llegaban era a la mitad de la charca. Todos renunciaban a sacar a Konandima diciendo:

—No veo la manera de conseguirlo. ¡Esta charca es tan profunda!

Orix se adelantó e introdujo su pierna. La hundió más y más en el agua, tanto que casi se cae dentro, pero tampoco pudo llegar hasta el fondo. De modo que se hizo a un lado, y dejó que Ñu, que también tiene las piernas muy largas, intentara sacar a la desdichada Konandima del fondo de la charca. Pero tampoco lo consiguió. De la misma manera, uno tras otro, los demás animales introdujeron sus piernas en el agua para sacar fuera a Konandima, pero todos fracasaron.

Mientras todo esto pasaba, Jirafa y Avestruz permanecían a un lado, sin decir nada. Finalmente, también ellos lo intentaron. Primero lo hizo Avestruz. Metió su larga pierna en el agua, y era tan larga que logró arañar ligeramente a Konandima.

—¡Vaya! —dijo—. Casi he llegado hasta ella. Me pareció que tocaba algo con la punta del dedo.

Entonces miró a la Jirafa y dijo:

—¿Por qué no lo intenta esa persona tan alta que está ahí?

Al oír esto, Jirafa se irguió cuan largo era y se acercó. Cuidadosamente, introdujo su larga pierna en la charca y comenzó a hundirla, hasta que por último llegó hasta donde estaba Konandima y pudo palparla. Entonces sacó la pierna y dijo a los demás:

—He llegado hasta el fondo de la charca y creo que ahí abajo hay más de una persona.

Y así era, porque Konandima había dado a luz en el fondo de la charca.

—Volved ahora al campamento —prosiguió Jirafa—, y traed pieles para extenderlas sobre el suelo. De ese modo recibiremos dignamente a Konandima.

Cuando hubieron oído las palabras de Jirafa, todos se rieron de alegría y se abrazaron, encantados ante tan buenas noticias. Después corrieron hasta sus casas y comenzaron a extender pieles en el trecho que había entre el poblado y la charca.

Mientras, Jirafa volvió a acercarse a la charca e introdujo en ella una de sus largas piernas, hundiéndola hasta el fondo. Agarró a Konandima y, sin sacarla todavía del agua, le sacudió el cieno que la cubría. Entonces comenzó a tirar de ella y, lentamente, la subió hasta la superficie. Tardó un poco, porque aquella charca era muy, muy honda. Por último, Jirafa la sacó del todo y la dejó en el suelo. Cuando los demás animales vieron salir del agua a la hermosa muchacha se abrazaron regocijados. Después, Jirafa sacó a la hijita de Konandima, que había nacido en la charca, y se la entregó a su madre con gran cuidado.

Los animales estaban tan contentos que se revolcaban por el suelo de alegría, abrazándose y riendo. Avutarda corría de un lado a otro agitando en honor de Konandima la hermosa pluma que adorna su cabeza.

—¡Nuestra bella hermana vuelve a estar entre nosotros! —decían todos—, ¡qué cosa tan mala hizo Chacal!

Entonces la saludaron y la abrazaron, mientras exclamaban:

—¡Sí, nuestro amigo Jirafa nos ha hecho un gran favor!

Konandima caminó de vuelta al campamento sobre las pieles que los animales habían extendido en el suelo.

—¡Aquí está otra vez nuestra hermana! —dijeron quienes se habían quedado en el campamento.

Avutarda recibió alegremente a Konandima y dijo:

—Esposa mía, hoy me has sido devuelta!

Ella se acomodó cuidadosa y lentamente ante su choza, y miró a su alrededor. Después, se acostó con su hijita, y las dos durmieron durante mucho tiempo.

Todos continuaron viviendo juntos en aquel sitio. Pasado un tiempo se separaron y viajaron a distintos lugares. Konandima y Avutarda siguieron viviendo durante mucho tiempo. Sí, amigos míos, esto fue lo que pasó.

Los juwasi, también conocidos como kung, pertenecen a la familia de los bosquimanos, cazadores y recolectores que antaño poblaron buena parte del sur de África, y cuyos antepasados cabría contar entre los primeros pobladores del continente. Los juwasi viven en Botswana y Namibia, en el llamado desierto de Kalahari, una zona árida donde la supervivencia es muy difícil.

LAS AVENTURAS DE MANTIS
(Bosquimanos xam, África del Sur)

Entre los xam, el gran embaucador se llamaba Mantis, y sobre él se cuentan muchas aventuras. Mantis es un tunante incorregible que suele salir malparado de sus andanzas, pese a tener poderes mágicos. Tal es la fuerza de su magia, que todas las cosas que posee Mantis, desde su arco y sus flechas hasta sus sandalias, tienen vida propia y poseen el don de la palabra. Mantis vivió en la época, hace mucho, mucho tiempo, en que los animales y las personas eran indistinguibles.

Un día, Mantis se levantó de muy mal genio, cosa que no era nada rara en él. Como siempre que estaba de ese humor, Mantis echó a andar en busca de pelea. No tuvo que ir muy lejos, pues apenas llevaba un rato caminando cuando se encontró con Gato, que iba tan tranquilo, a su aire, cantando. Gato cantaba.

Yo soy aquel de quien se burla el Lince,
yo soy aquel que no corrió deprisa;
Es el Lince el que corre deprisa.
Ja ja ja,
ja ja
Yo soy aquel de quien se burla el Lince.
Ja ja ja,

Mantis hizo ademán de devolverle al ave los huevos robados.

Sin pensárselo dos veces, Mantis corrió al encuentro de Gato y se plantó ante él.

—¡Eh, tú! ¿Qué estás cantando?

—No estoy cantando nada —respondió Gato.

—Tu cabecita tiembla. Tú estabas cantando alguna cosa —insistió Mantis.

—Lo que pasa es que tienes legañas en los ojos —replicó entonces Gato—, y no ves nada de nada. Venga, lárgate, si no te voy a dar de palos en la cabeza hasta partírtela.

—¡Gato! —replicó Mantis—. ¡Inténtalo y seré yo quien te rompa la cabeza!

Ni corto ni perezoso, Gato le arreó a Mantis un buen golpe en todo el cráneo. Mantis retrocedió para esquivar otros golpes y luego se abalanzó sobre su adversario para devolver el ataque. Pero el Gato tenía una estrategia que Mantis no se esperaba. Puso la cabeza en el suelo y levantó la cola, y fue esto último lo que alcanzó a golpear Mantis. Aprovechando el desconcierto de su enemigo, Gato se levantó y golpeó con fuerza la cabeza de Mantis. A Mantis le pareció entonces que ya tenía bastante, así que, haciendo uso de sus poderes mágicos, hizo que le crecieran plumas y salió volando, no sin antes llamar a su bolsa de piel y a sus demás objetos, que habían quedado dispersos por el suelo.

—¡Huyamos, muchachos! —exclamó Mantis.

La bolsa de piel de antílope dijo:

—¡Vayámonos!

Las sandalias se dijeron:

—Debemos marchar sin demora, pues así lo ha dicho Mantis.

La aljaba dijo:

—Venga, venga, ¡a correr!

El gorro dijo:

—¡Capa de piel, sigámosles!

El arco dijo:

—¡Tenemos que seguirlos, bastón, pues así lo ordena Mantis!

Y todos salieron corriendo.

Mantis voló por los aires, llegó hasta una honda charca de agua y se zambulló para emerger al instante, satisfecho.

—¡Ésta ha sido una hazaña de Mantis! —exclamó.

Los objetos de Mantis pasaron junto a la charca, camino del campamento. Mantis se apresuró a llamarlos:

—¡Eh, vosotros!, no deis un paso más, pues más allá está el Meloncillo, que se reiría de vosotros. Quedaos aquí, y yo os llevaré.

—Mantis nos abandonó —explicó la aljaba—, y tuvimos que venir por nuestra cuenta.

—Debemos quedarnos aquí a esperar a Mantis —añadieron las sandalias.

Y así hicieron las sandalias y los demás objetos: se quedaron a esperar a Mantis. Mantis exclamó, jactancioso:

—Chicos, ¿quién puede comparársenos? ¡Nos llamamos Mantis!

Mantis emprendió el camino hacia su choza. Avanzaba muy lentamente, cojeando a causa de los golpes recibidos. Al llegar al campamento se sentó en el suelo y comenzó a quejarse.

Su nietecito, el Meloncillo preguntó:

—¿Quién le ha propinado a Mantis un bastonazo en la cabeza?

—¡Ha sido Gato! —respondió Mantis.

—¿Cómo es posible? —preguntó el Meloncillo—. ¿Mi abuelo se ha dejado ganar por Gato?

—Ese maldito Gato no jugo limpió —se quejó Mantis—. Pensé que tenía su cabeza a tiro de bastón y, de pronto, ¡zás! ya no estaba allí.

—Mantis, es que tú no sabes nada de nada —dijo el Meloncillo, exhalando un hondo suspiro y meneando la cabeza—. Escúchame bien. Lo que tienes que hacer es fingir que vas a golpear al Gato en la cabeza; cuando Gato esconde la cabeza en el suelo te fijas en dónde la pone y le atizas un buen golpe.

A Mantis todo aquello le pareció interesantísimo.

—Meloncillo, sigue contándome esto, no vayas a acostarte. Pronto amanecerá, y yo quiero ir temprano a buscar a Gato para romperle la cabeza.

Mantis y su nieto hablaron durante largo tiempo. El Meloncillo instruyó a su abuelo sobre qué debía hacer para que Gato no volviera a burlarse de él.

—¡Mantis! —exclamó finalmente el Meloncillo—, ya te lo he contado todo, ¡ahora déjame dormir!

Mantis se acostó junto al fuego, delante de su choza. Estaba tan impaciente por que se hiciera de día, que apenas cerró los ojos se puso a soñar. En su sueño, Mantis le ordenaba al sol que saliera de una vez. Y lo que Mantis dice en sueños se cumple, así que, en ese mismo instante, el sol comenzó a asomar por el horizonte.

Mantis salió corriendo del campamento y se puso a buscar a Gato. Una vez más, vio que venía cantando y fue a su encuentro. Gato se detuvo.

—Muy bien, Gato, nos vemos las caras otra vez. ¡Ahora te enterarás de quién soy!

Mantis hizo amago de golpearle la cabeza. Gato la puso rápidamente sobre el suelo, creyendo que Mantis volvería a pegarle en la cola. Pero esta vez, naturalmente, Mantis estaba sobre aviso. Buscó la cabeza en el suelo y le arreó un buen bastonazo.

—¡Vaya, Gato! —exclamó Mantis—, ¿es que me has querido poner las cosas fáciles?

El Gato se levantó, bastante dolorido, y dijo:

—Si has encontrado mi cabeza es porque el Meloncillo te ha dicho cómo debías hacerlo.

—¡Mientes! Siempre he sabido dónde ponías la cabeza. Lo que me pasó ayer es que lo había olvidado.

—No te creo —replicó Gato—. Tú no lo habías olvidado. El Meloncillo te lo dijo.

—No es verdad, eres un mentiroso. Se me fue de la memoria. Bueno, el caso es que no lo había olvidado, pero no pensé en ello. Soy muy astuto, ¿sabes?

Una vez más, Mantis hizo amago de golpear la cabeza del Gato. Una vez más, el Gato puso la cabeza sobre el suelo. El otro la vio y le arreó un golpe. Mantis dio un brinco y exclamó:

—¡Mira, nos llamamos Mantis, nadie se nos puede comparar!

El Gato se levantó dando tumbos y dijo:

—El Meloncillo te explicó lo que tenías que hacer.

—Estás muy equivocado —replicó Mantis—, yo soy el astuto. Ya te he dicho que el Meloncillo no me dijo nada. Lo que pasa es que se me había olvidado.

Mantis recogió sus cosas y emprendió el camino de vuelta a casa.

Nada más llegar, el Meloncillo le preguntó:

—¿Viste a Gato?

—Sí, lo vi.

—¿Qué pasó?

—Nada —respondió Mantis, fanfarroneando—. Hice como que iba a golpear la cabeza del tipo, y el tipo la puso en el suelo, pero yo me di cuenta de lo que tramaba.

—¿Lo golpeaste? —preguntó el Meloncillo.

Mantis respondió:

—Claro que sí. El muy tunante me salió entonces con que tú me habías enseñado lo que debía hacer. Yo le dije que ya lo sabía la otra vez, pero que se me había olvidado. El sinvergüenza insistió entonces en que tú me habías enseñado. Yo le dije que era un mentiroso.

El Meloncillo dijo:

—Qué necio y artero eres, Mantis. *Yo* te enseñé lo que tenías que hacer; yo, un niño, te enseñé a ti, una persona mayor.

Así hablaban Mantis y su nieto. Las mujeres se rieron de ellos. El Meloncillo les dijo:

—¿Estáis de acuerdo conmigo? ¿No es Mantis necio y artero?

Otro día, Mantis abandonó su choza de buena mañana para buscar comida. No había caminado mucho tiempo cuando vio al Pájaro Mágico que, sentado sobre el nido, empollaba sus huevos. El Pájaro Mágico es un ave muy grande, parecida a un avestruz, pero que puede hablar y posee poderes extraordinarios. Pero esto Mantis no lo sabía y, creyendo que tenía delante un avestruz normal y corriente puso una flecha en su arco y se la arrojó. Pero la flecha no pudo con la magia del pájaro y, dando la vuelta, volvió directamente hacia Mantis, que tuvo que esquivarla.

—¿Es esto un avestruz? —se preguntó Mantis, intrigadísimo.

—Si lo deseas —dijo entonces el Pájaro Mágico—, puedes coger el huevo pequeño que hay fuera del nido y bebértelo. Pero por nada del mundo toques los otros huevos.

—¿Es esto un avestruz? —volvió a preguntar Mantis, cada vez más sorprendido.

Sin hacer caso de lo que le habían dicho, Mantis cogió un palo y expulsó al Pájaro Mágico de su nido. El Pájaro Mágico se lo tomó muy a mal y se puso a dar patadas a diestra y siniestra, pero terminó por alejarse del nido.

Mantis desató su red, la tendió sobre el suelo y comenzó a cargar en ella los huevos del Pájaro Mágico, que eran grandes como los de las avestruces. Después, se echó la red a la espalda y se marchó de allí, muy satisfecho de su hazaña. Caminó durante mucho rato bajo el sol abrasador del mediodía, hasta que le entró hambre. Y, ¿qué mejor medio de saciarla que con uno de los enormes huevos que llevaba a la espalda? Así que puso la red en el suelo, eligió el huevo que a su parecer tenía mejor aspecto y lo abrió con una piedra. A continuación sacó su cuchara, la introdujo en la abertura y removió bien el interior del huevo. Después se llevó la cuchara a la boca, pero cuando quiso sacarla la lengua se le fue detrás, pues se había quedado pegada. Tiró y tiró de ella, pero no hubo manera de despegarla. Sin decir palabra, pues la cuchara le impedía hablar, Mantis insistió en zamparse el huevo y cogiéndolo con las dos manos se lo llevó a la boca para beber su contenido. Como era de esperar, el huevo se le quedó pegado en la boca, y Mantis no pudo arrancarlo de allí.

Impotente, Mantis recogió los huevos, los metió de nuevo en la red y se la echó a la espalda. Esta vez fue la red la que, con huevos y todo, se le quedó prendida en la espalda, sin que hubiera manera de quitarla. De esta guisa, con los huevos pegados detrás y el huevo sujeto en la boca, Mantis regresó a casa. Allí le estaba esperando su nieto, el pequeño Meloncillo.

—Vaya, vaya, Mantis, parece que has intentado robarle los huevos al Pájaro Mágico —dijo el niño cuando vio llegar a su abuelo de esa guisa.

Mantis asintió con la cabeza.

—Mantis, no sabes nada de nada —sermoneó el Meloncillo—. Cuando uno se encuentra con el Pájaro Mágico le pide permiso y coge los huevos pequeños que hay fuera del nido. Después se va uno a buscar avestruces de verdad. Tú, como siempre, has hecho lo que has querido, y ya ves.

Mantis no contestó pues, naturalmente, no podía hablar.

Después llegó Damán. Damán es la esposa de Mantis. Se quedó muy sorprendida al ver a su marido con un huevo pegado en la boca, pero lo entendió todo cuando el Meloncillo le explicó que su abuelo se había dedicado a saquear el nido del Pájaro Mágico.

—Mantis, tendrás que quedarte ahí fuera y pasar frío —dijo Damán—, con todo eso pegado al cuerpo no cabes en la choza.

A Mantis no le quedó más remedio que dormir fuera con toda su carga. No tenía manera de ponerse cómodo pues, para colmo de males, también la aljaba se le había quedado pegada al costado.

Como mejor pudo, Mantis se tendió a dormir. Naturalmente, estaba tan a disgusto que no pudo pegar ojo. Era todavía plena noche cuando decidió que aquello no podía continuar. Mantis pensó: «¡Que se haga de día!» y, al instante, comenzó a clarear el alba.

El Meloncillo y Damán seguían durmiendo cuando Mantis partió a toda prisa en busca del Pájaro Mágico. Cuando hubo recorrido un buen trecho, la red que llevaba a la espalda comenzó a agitarse un poco, como si se fuera a soltar. También el huevo que llevaba en la boca pareció aflojarse un poco.

Mantis no tardó en llegar al nido del Pájaro Mágico, y una vez allí hizo ademán de devolverle al ave los huevos robados. En ese instante, el huevo y la cuchara se desprendieron de su boca, y también la bolsa y la aljaba que llevaba a la espalda se soltaron. Con mucho cuidado, Mantis puso uno a uno los huevos en el nido. Después pidió permiso para coger los huevos pequeños que había en la parte exterior. El Pájaro Mágico le dijo que podía cogerlos, y Mantis, tras hacerse con ellos, se marchó de allí. Al cabo de un rato se detuvo. Con una piedra hizo un orificio en uno de los huevos, removió el contenido con la cuchara y, con mucha precaución, se la llevó a la boca para sacarla al instante. Pero no, podía estar tranquilo: esta vez la cuchara no se le quedó pegada. Aun así, por si acaso, Mantis sorbió de un trago el contenido del huevo.

Mantis se echó la aljaba al hombro y reemprendió el camino. Al cabo de un rato, encontró un verdadero avestruz que incubaba sus huevos. Espantó el ave y fue a quitarle los huevos.

—¡Ajá! —se dijo Mantis—, esto sí que es un verdadero avestruz. Se ha marchado corriendo y no ha dicho palabra. ¡Y mirad qué huevos, blancos y hermosos!

Mantis tomó un huevo y lo agujereó con una piedra. Sacó su cuchara y, con la punta de los dedos, la introdujo en la yema y la agitó velozmente. Después, con gran cuidado, se llevó a la boca la puntita de la cuchara. La sacó al instante y se palpó la lengua. Pero no, aquella vez no pasó nada. Sin embargo, por si acaso, Mantis volvió a sorber el contenido del huevo. A continuación, Mantis introdujo los demás huevos en la red empujándolos con un palo pero, al ver que no sucedía nada, terminó cargándolos con las manos.

Mantis se cargó los huevos a la espalda y, muy satisfecho, regresó a casa. Podéis estar seguros de que, a partir de aquel día, a Mantis no se le ocurrió acercarse más al Pájaro Mágico.

Al igual que los juwasi, los xam, que vivían en lo que hoy es la región del Cabo, en Sudáfrica, pertenecen a la gran familia bosquimana de cazadores y recolectores. Sin embargo, a diferencia de sus hermanos del norte, que todavía son un pueblo con futuro, los xam dejaron de existir a finales del siglo XIX, víctimas de un atroz genocidio perpetrado, sobre todo, por los llamados boers, colonos blancos de origen holandés, que daban caza a los bosquimanos como si de alimañas se tratara. Gracias a los esfuerzos del lingüista Wilhelm Bleek, una buena parte de la rica tradición oral de este pueblo ha llegado hasta nosotros.

AMÉRICA

CUERVO, EL EMBAUCADOR
(Tsimshian, Canadá)

Por supuesto, en América no faltan embaucadores como los que ya hemos conocido en Oceanía o África. A lo largo y ancho del Nuevo Mundo, centenares de pueblos se deleitan narrando las desaforadas aventuras de estos pícaros divinos. Entre los pueblos que viven en la costa noroeste del Pacífico el gran embaucador es el Cuervo, un glotón incorregible que, en ocasiones, como en la aventura que sigue, es capaz de hacerle algún bien a la humanidad.

En el principio de los tiempos, el mundo estaba sumido en la oscuridad. Cuando el cielo estaba despejado, los primeros habitantes de la tierra, los que precedieron a los seres humanos, gozaban de un poco de luz procedente del brillo de las estrellas. Pero cuando había nubes, reinaba la oscuridad más absoluta.

En aquel entonces, Cuervo deambulaba por este mundo, haciendo de las suyas, sin preocuparse por otra cosa que no fuera satisfacer sus propios caprichos y su insaciable glotonería. Sin embargo, un buen día se dio cuenta de que la falta de luz era verdaderamente un fastidio para él, pues con tanta oscuridad no había manera de buscar comida.

«Bueno, bueno —pensó—, si no recuerdo mal, en el país del cielo hay un hombre, un gran jefe, que tiene la luz, bien guardada dentro de una caja.»

De modo que, en ese mismo momento, Cuervo decidió traer la luz a este mundo, fuera como fuese. Así pues, se transformó en ave y echó a volar hacia arriba. Voló y voló hasta encontrar un agujero en el cielo, por el que se introdujo. Una vez en el mundo de arriba, Cuervo se transformó en persona y echó a andar en dirección a la casa del hombre que guardaba la luz. Anduvo y anduvo, hasta llegar a una fuente que había en las proximidades de la casa que buscaba. Entonces Cuervo se escondió tras unos arbustos y se puso a observar lo que pasaba. No llevaba mucho tiempo allí cuando vio llegar a la hija del dueño de la luz provista de un cántaro para recoger agua. Al verla llegar, Cuervo se transformó en una hoja de cedro y se puso a flotar sobre el agua. La muchacha introdujo su cántaro en la fuente y no pudo evitar que la hoja se metiera dentro. Entonces Cuervo deseó que la muchacha tuviera sed, y su deseo se cumplió. La joven bebió un trago de aquel agua para saciar su sed y, sin querer, se tragó la hoja. A continuación regresó a casa de su padre.

Al poco tiempo los padres de la muchacha se dieron cuenta de que su hija estaba encinta. Naturalmente, aquello los dejó perplejos, pues eran incapaces de entender quién podía ser el padre de aquella criatura. Sin embargo, no tuvieron más remedio que aceptar lo sucedido, y aguardaron emocionados a que naciera su nieto. En efecto, un tiempo después la muchacha tuvo un niño. Por supuesto, era un niño un poco extraño. Su nariz era ganchuda como un pico, y aquí y allá, por su cuerpecito, asomaba una que otra pluma. Pero, a pesar de esto, y de su origen misterioso, los ancianos se alegraron mucho de tener un nieto y lo cuidaron solícitamente. El niño comenzó a crecer, y al poco ya gateaba por todas partes. Los ancianos limpiaron y alisaron bien el suelo de su vivienda, para que su nietecito no se hiciera daño.

Un buen día, el niño se puso a llorar.

—¡Jama, jama, jama! —lloraba el pequeño.

Tanto su madre como sus abuelos intentaron calmarlo, pero no hubo manera. El niño lloraba y lloraba, y nada parecía consolarlo. El abuelo pidió entonces a varios de sus esclavos que sacaran a su nieto a pasear, pero el niño se negó a ir con ellos y siguió llorando.

—¡Jama, jama, jama! —lloraba.

De este modo, los habitantes de aquella casa pasaron varias noches en blanco, pues con los berridos del niño no había manera de pegar ojo.

Desesperado, su abuelo convocó a los hombres más viejos y sabios que conocía, por si ellos podían decirle por qué el niño lloraba de tal modo, y qué diantres quería.

—¡Jama, jama, jama! —lloraba el niño.

Los ancianos escucharon al niño llorar durante un buen rato.

—Bueno —le dijeron al abuelo—. Tu nieto llora porque quiere esa caja que tienes allí y que tú llamas «Maj».

Bien, sucede que aquélla era la caja donde estaba guardada la luz y, como es natural, el anciano la tenía en gran estima. Sin embargo, tantas ganas tenía de acabar de una vez con los berridos de su nieto, que ordenó a sus esclavos que la trajeran. Así lo hicieron, y una vez la tuvo en sus manos la puso al lado del niño, quien al instante dejó de llorar y se puso a sonreír.

Contentísimo, el pequeño comenzó a jugar con la caja, empujándola de un lado a otro. Al principio, su abuelo estaba algo preocupado por lo que pudiera sucederle a su preciado tesoro, pero como vio que el niño no hacía más que entretenerse con la caja, dejó de pensar en ello.

El pequeño estuvo varios días jugando con la caja, empujándola por toda la casa. A veces la acercaba mucho a la puerta, pero el anciano ya no se preocupaba en absoluto. Hasta que un día, el niño salió fuera con la caja y, convirtiéndose de pronto en una persona adulta, se la echó al hombro y salió corriendo de allí.

—¡Cuervo se lleva la caja con la luz! ¡Cuervo se lleva la caja con la luz! —gritó alguien al reconocerlo.

Y toda la gente del cielo se puso a perseguir a Cuervo. Pero él les llevaba mucha ventaja y cuando llegó a un agujero se transformó en ave otra vez y con la caja en la boca descendió hasta la tierra.

Volando, volando, Cuervo llegó hasta la desembocadura de un río. Allí encontró a unos pescadores que habían echado sus redes. Cuervo se posó en un roca y les habló a los pescadores.

—Queridos amigos, me muero de hambre —dijo—, ¿por qué no me tiráis uno de vuestros pescados?

Los pescadores, que pertenecían al pueblo de las ranas, se rieron de Cuervo.

—¿De dónde sales, so mentiroso? —preguntaron.

—Venga —insistió Cuervo—. Tiradme uno de vuestros pescados o romperé esta caja. Tened en cuenta que no es una caja cualquiera. Si la abro os vais a pegar un susto.

—Vamos, vamos —dijeron las ranas—, ¿de dónde has sacado esa caja, embustero?

—Tiradme uno de vuestros pescados, queridos amigos. Hacedlo o romperé la caja. Entonces ya veréis.

Pero los pescadores sólo se reían de él. Cuatro veces pidió Cuervo un pescado, pero los pescadores siempre se negaron.

Así que Cuervo rompió la caja. Rompió la caja y la luz se esparció por todas partes.

Entonces, al tiempo que se hacía la luz, soplaron fuertes vientos del norte. Soplaron y soplaron, cada vez más intensos, y arrastraron a los pescadores, los arrastraron hasta llegar a un gran acantilado. Los pescadores intentaron trepar por la pared de roca, pero se quedaron pegados a ella, congelados por los vientos del norte. Y allí siguen todavía, esas ranas, convertidas en piedra.

Pero eso, ¿qué puede importar? Ahora gracias a Cuervo, el mundo ya tiene luz.

Los tsimshian son un pueblo del la costa noroeste del Pacífico, cuyo territorio tradicional se encontraba en la actual región canadiense de la Columbia Británica, en torno a los ríos Skeena y Nass. Como otros pueblos de la misma zona, los tsimshian, que vivían fundamentalmente de la pesca, son famosos, entre otras cosas, por su rica tradición artística, en la que era muy importante la representación de mitos en tallas y esculturas.

EL ROBO DEL FUEGO
(Yana, Estados Unidos)

En el principio de los tiempos, cuando los animales eran personas, Au Mujaupa era el único que tenía fuego. Au Mujaupa vivía lejos, muy lejos, hacia el sur, al otro lado de un gran río, y no compartía con nadie su tesoro. Sin embargo, aquí, en Pawi, la gente no tenía fuego de verdad. Tenían una especie de fuego, que en realidad no servía de mucho. Sólo calentaba un poco, pero no podía utilizarse para cocinar, como el fuego que tenemos ahora. De modo que la gente cazaba ciervos y pescaba, pero el pescado y la carne había que tomarlos crudos.

«Debe haber algún lugar —decía la gente de Pawi—, en el que haya fuego. Pero ¿dónde?»

—Esta noche saldré para mirar —dijo Zorro.

Y esa noche salió a buscar fuego. Subió a la cima de una montaña, miró hacia el este, miró hacia el oeste, pero no vio fuego en ningún lugar. A continuación miró hacia el norte; pero tampoco había fuego en el norte. Miró hacia el sur, pero tampoco allí vio fuego.

Zorro regresó a la aldea y habló con el jefe y con los demás.

—No he visto fuego —dijo—, no he visto ni una llama, ni un rescoldo, pero la próxima vez probaré en lugar distinto, y quiero que me acompañe alguien. Mañana por la noche ascenderé a la cima de una montaña más alta. ¿Quién de entre vosotros tiene buena vista? Mañana subiré a lo alto de un montaña, desde donde pueda observar el mundo entero en busca de fuego.

144

—Hay un hombre —dijo el jefe—, que puede ver a través de los árboles, cuya mirada es capaz de penetrar la roca sólida, que puede ver a través de una montaña. Mañana por la noche puedes llevarlo contigo. Se llama Siwegi.

Zorro fue a ver a Siwegi.

—¿Vendrás mañana por la noche a otear en busca de fuego? —le preguntó.

—Iré, si el camino no es demasiado largo —respondió Siwegi.

—Te prometo que no será largo —dijo Zorro.

Y Siwegi aceptó acompañarlo.

Así que, llegado el momento, Siwegi y Zorro se pusieron en camino. Los seres que vivían en aquella época tenían poderes extraordinarios. Así, Zorro dobló el sendero en dos e hizo que se acortara, de modo que en apenas una hora él y su compañero llegaron a la cima de la alta montaña. La noche era muy oscura, no había luna y apenas brillaban estrellas. De ese modo sería fácil atisbar la más pequeña hoguera.

Miraron hacia el este, miraron con gran detenimiento, miraron durante largo rato, pero no vieron ningún fuego. Miraron hacia el norte de la misma manera, y no vieron ningún fuego. Miraron hacia el oeste, pero tampoco allí había ningún fuego. Entonces Zorro dirigió la vista hacia el sur. Estuvo mirando durante largo rato, pero no vio nada. Estuvo media hora mirando hacia el sur, y entonces, muy, muy lejos, atisbó un pequeño resplandor, como una luz.

—Siwegi —dijo—. Allí lejos, hacia el sur, veo una luz. Parece una pequeña hoguera. Creo que es fuego

—Mira otra vez —repuso Siwegi—, concentra la mirada. Quizá sea fuego.

—Ya he mirado bastante. Creo que es fuego —replicó Zorro—. Pero quiero que tú lo veas. Quiero que ahora mires tú.

Siwegi estuvo un rato escrutando la lejanía.

—Sí, sí, ¡es fuego!

—Bueno —dijo Zorro—, hemos visto fuego, y sabemos que está en el sur, muy, muy lejos.

Los dos compañeros emprendieron el camino de regreso. Zorro acortó el sendero, y al cabo de una hora ya habían vuelto.

—Hemos encontrado fuego —anunció Zorro al jefe y a los demás—. Sabemos dónde está, y ahora podremos obtenerlo.

—Tenemos que conseguir ese fuego —dijeron todos.

—La única forma de conseguirlo es ir a por él —dijo Zorro.

—Bien —repuso el jefe—. Puesto que Zorro vio el fuego, que él vaya en su busca. Pero el camino es largo. ¿Quién irá con él? ¿Quién le acompañará a buscar el fuego?

Unos cincuenta hombres se ofrecieron a ir con él. A la mañana siguiente emprendieron la marcha. El camino era largo y muy fatigoso. Dos o tres hombres no tardaron en cansarse y volver a casa. No mucho después, otros se cansaron y regresaron. De este modo, para cuando llegaron hasta un gran río, justo al norte de donde se encontraba el fuego, de los cincuenta que habían partido sólo quedaban tres: Zorro, Coyote y Shushu Marimi, la Mujer Perro.

Justo al sur del gran río, Au Mujaupa, el amo del fuego, tenía una aldea, y en aquella aldea había una gran sauna. En aquella sauna guardaba el fuego. Alrededor de ella vivía mucha gente que le servía y evitaba que alguien robara el fuego. Entre aquellas personas estaban Nieve, Aguacero, Granizo Intenso, Granizo Suave, Viento del Oeste, Viento del Sur, Viento del Norte, y Viento del Este.

Los tres compañeros, Zorro, Coyote y la vieja Shushu Marimi estaban en la orilla norte del río, allí donde había un pequeño puente de madera. Los tres compañeros estaban bien ocultos tras los arbustos, esperando a que reinara el silencio en la sauna de Au Mujaupa. El puente era muy estrecho y resbaladizo, de modo que Zorro, Coyote y Shushu Marimi pusieron resina en sus pies y manos, para no caerse del puente. Cuando se dieron cuenta de que todo estaba en silencio, los tres cruzaron el río sin resbalar, y descubrieron que en la gran sauna todo el mundo dormía.

El viejo jefe, Au Mujaupa, había dejado el fuego bien cubierto de cenizas. Dentro y fuera de la sauna todo estaba tranquilo, y no se oía ni un murmullo. Zorro, Coyote y Shushu Marimi subieron al techo de la sauna, y miraron hacia el interior por el agujero que sirve para dejar salir el humo. Todos dormían.

—Yo bajaré primero —dijo Coyote.

—No, no, bajaré yo primero —propuso Zorro—. Yo cogeré el fuego y te lo daré. Tú tómalo y corre todo lo que puedas.

Zorro bajó hasta el suelo. Coyote y Shushu Marimi se quedaron en el techo. Zorro apartó cuidadosamente las cenizas que cubrían el fuego, tomó un buen pedazo y se lo alcanzó a la anciana, quien se lo puso en una oreja. Zorro le pasó otro pedazo, y ella se lo puso en la otra oreja. Después, la anciana bajó del techo de la sauna y atravesó corriendo el puente, en dirección a su campamento.

Zorro dio dos pedazos de fuego a Coyote. Él se los guardó en las orejas y salió corriendo. Zorro llenó sus orejas y lo siguió a toda prisa.

Los tres compañeros habían atravesado dos montañas cuando Au Mujaupa se despertó y vio que alguien había apartado las cenizas y se había llevado parte del fuego. Au Mujaupa se levantó de un salto y convocó a toda su gente.

—¡Han robado el fuego! ¡Han robado el fuego! —gritaba—. ¡Seguid a los ladrones, seguidlos!

De modo que Nieve, Aguacero, Granizo Intenso, Granizo Suave, y los Vientos se levantaron de inmediato y se lanzaron a la persecución, dispersándose en todas direcciones y barriendo todo cuanto encontraban a su paso. Tanta lluvia cayó que el territorio entero se cubrió de agua.

Bueno, pues sucede que Viento del Sur iba a la cabeza de los perseguidores que intentaban dar caza a los tres ladrones. Pronto se le unió Aguacero, y ambos se abatieron con furia sobre los tres amigos, calándolos hasta los huesos y helándolos de frío. A continuación vinieron Viento del Norte y Nieve, que casi los congelan.

Coyote estaba medio muerto, y el fuego que escondía en sus dos orejas se apagó. También Zorro perdió su fuego, extinguido por la furia de Aguacero, Viento del Sur y Nieve.

La vieja Shushu Marimi iba muy rezagada, pero no dejó de correr en todo el tiempo, sujetándose una oreja con la mano. El fuego que llevaba en la otra se le había caído, rompiéndose en dos pedazos. Aguacero los cogió y los llevó al campamento de Au Mujaupa. En total Aguacero y los demás habían recogido seis pedazos, y creían que aquello era todo, de manera que cesaron de perseguir a los ladrones.

Zorro y Coyote corrían en cabeza, dejando atrás a la vieja Shushu para que se las arreglase como mejor pudiera, así que llegaron los primeros al campamento. Tenían mucho frío y estaban agotados.

—¿Dónde está tu fuego? —preguntó el jefe a Zorro.

—Yo no tengo ni una pizca. Aguacero me lo quitó —repuso Zorro.

—¿Dónde está tu fuego? —preguntó el jefe a Coyote.

—Me lo quitó Aguacero —respondió Coyote, avergonzado.

El jefe y todos los demás estaban muy tristes y decepcionados. Ni siquiera pensaban en la anciana que aún no había llegado. Imaginaban que habría muerto congelada.

Al ocaso, la vieja Shushu Marimi regresó. Caminaba muy, muy despacito, pues estaba cansadísima. Cuando llegó a la sauna entró y, sin decir nada, se sentó, fría y calada hasta los huesos.

—¿Dónde está el fuego? —preguntó—; ¿es que Zorro y Coyote no han traído fuego? Ellos son jóvenes y fuertes, y traían mucho fuego consigo.

Nadie dijo palabra.

Pasó un rato, la anciana se levantó, reunió unas cuantas virutas, se sentó junto a ellas, abrió su oreja y la puso sobre las virutas. De la oreja salió un buen pedazo de fuego. Los demás trajeron rápidamente leña y la sauna no tardó en calentarse. Quienes tenían frío ahora se sentían cómodos y contentos. Todo el mundo alabó a Shushu Marimi, y le dio las gracias por haber sido tan valiente y haber traído el fuego.

—Traed carne. Veremos qué sabor tiene cuando está asada —dijo el jefe.

Trajeron carne de ciervo y la asaron. Cada uno de los presentes probó un poco.

—¡Vaya! Es muy buena —dijeron.

Todos probaron la carne y comieron de buena gana. Al día siguiente salieron de caza y al ocaso celebraron una gran fiesta. Un jefe de otro campamento vino y obtuvo fuego. No tardaron en venir otros, y pronto todo el mundo pudo disfrutar del fuego.

Los yana eran un pueblo amerindio que vivía en el valle del río Sacramento, en la parte norte del actual estado de California. Eran nómadas cuya forma de vida se basaba en la caza y la recolección. En la segunda mitad del siglo pasado, los colonos blancos que invadieron su territorio atraídos por la fiebre del oro los exterminaron casi por completo, dándoles caza como si fueran animales. La rama más meridional de los yana, los yahi, la que sufrió una persecución más atroz, quedó reducida a un único individuo, llamado Ishi, que terminó sus días colaborando con los científicos en el Museo de Antropología de la Universidad de California, San Francisco, para preservar al menos una parte del rico acervo de su pueblo.

PIYA, EL HECHICERO
(Sioux oglala, Estados Unidos)

Hace mucho tiempo, en un campamento oglala, una anciana y su nieto vivían apartados de todo el mundo, pues eran tan sucios y zarrapastrosos que nadie los quería tener por vecinos.

La anciana era una mujer sabia, que enseñó a su nieto muchas cosas extrañas de manera que, cuando se hizo mayor, el muchacho podía hablar con los pájaros y los animales, y tenía toda clase de conocimientos sobre magia y hechicería. Y, sin embargo, a pesar de todo, seguía siendo sucio y zarrapastroso, y nadie quería saber nada de él.

El jefe de aquel campamento tenía una hija muy bella, que era tan querida por todos que la gente extendía sus mantos a su paso para que caminara sobre ellos.

Piya, que tal era el nombre del muchacho, amaba a la hija del jefe, pero ella se burlaba de él por ser tan sucio y desastrado. Un día, Piya le habló a su abuela de su pasión por la muchacha. La anciana tomó entonces un pedazo de tripa y fabricó con él un sonajero.

—Toma este sonajero —le dijo—. Tiene poderes mágicos, y te ayudará a conseguir lo que quieres.

Entonces Piya fue a sentarse junto al arroyo al que la hija del jefe acudía a diario en busca de agua. Cuando la muchacha llegó y se estaba inclinando para sacar agua, vio proyectada la sombra de Piya. La hija del jefe alzó la mirada, y en ese momento Piya le dijo que la amaba y la quería por esposa.

Ella le contestó airada, insultándolo de todos los modos posibles y ordenándole que desapareciera para siempre de su vista. Entonces el muchacho agitó su sonajero y hechizó a la muchacha de manera que, a cada paso que daba, la hija del jefe producía sonidos como los del sonajero. La pobre echó a correr, pero eso no hizo sino empeorar las cosas, pues cuanto más corría, más ruido hacía. Finalmente, desesperada, se tendió en el suelo y se puso a llorar. Sus amigos la cubrieron con un manto y la llevaron a la tienda de su padre, quien le preguntó qué le pasaba.

—Ha sido ese muchacho sucio y desaliñado —contestó la muchacha—, me pidió que me casara con él, y al negarme me hechizó de esta manera.

El jefe sabía que la anciana había instruido a su nieto, enseñándole muchas cosas, y que éste era ahora un poderoso hechicero.

—Nadie puede ayudarte —le explicó a su hija—. Sólo el propio Piya es capaz de anular el hechizo. Te aconsejo que le digas que quieres ser su esposa. Cuando te libere del hechizo, sal huyendo.

La muchacha se dirigió a la tienda de la anciana y le dijo a Piya que estaba dispuesta a casarse con él. Que siempre lo había estado, y que cuanto le había dicho antes era broma.

—Si me liberas del hechizo —concluyó—, seré tu esposa.

Piya levantó el hechizo que pesaba sobre la muchacha y le dijo:

—Vuelve ahora a la tienda de tu padre. Yo iré más tarde para obtener su consentimiento y tomarte por esposa de un modo honorable.

La muchacha se mostró encantada con esto, pues sabía que su padre jamás aceptaría semejante enlace así que, una vez liberada del hechizo, salió de allí a todo correr.

Mientras, todo el campamento se había congregado alrededor de la tienda del jefe, para saber cómo le había ido a la muchacha. Por eso, cuando la vieron llegar, devuelta a su condición natural, se alegraron mucho, y la felicitaron por haberse librado del jovenzuelo zarrapastroso.

En eso, Piya se dio cuenta de que la muchacha lo había engañado, que no pensaba en absoluto casarse con él y que haría todo lo posible por escapar de su poder.

De manera que, al día siguiente, fue hasta el arroyo y se ocultó tras unos juncos, esperando a que apareciera la hija del jefe. Ésta vino al cabo de un rato, muy precavida, mirando en todas direcciones, por si veía al muchacho. Al no verlo, se inclinó sobre el agua para llenar su recipiente. Sólo entonces vio la sombra de Piya proyectándose sobre el agua.

Echó a correr, pero Piya agitó sobre ella el sonajero y la muchacha comenzó otra vez a hacer ruido a cada paso que daba.

La gente volvió a llevarla a la tienda de su padre, a quien contaron lo que había sucedido. El jefe entendió entonces que aquel joven era en verdad un hechicero y le dijo a su hija que era imposible escapar de él, y debía convertirse en su esposa.

Así que pidió a los demás que fueran a la tienda del muchacho, que lo trataran bien y lo invitaran a venir a su tienda para decirle que le daba a su hija en matrimonio.

Así se hizo. Cuando hubieron lavado y vestido bien a Piya, todos vieron que era un muchacho fuerte y bello, al que daba gozo mirar, de manera que, muy contentos, lo guiaron hasta la tienda del jefe.

Cuando la hija del jefe lo vio, le sonrió y se acercó para poner su mano sobre la de él. Piya levantó el maleficio que pesaba sobre ella y la envolvió en su manto. Así se presentaron ante la gente, y tan orgulloso e imponente se veía el muchacho que todos supieron que llegaría a ser jefe.

El padre de la muchacha le dijo entonces:

—Eres un hechicero, y como tal se te conocerá siempre.

Después hizo entrega de su hija y, para celebrarlo, dio una gran fiesta, en la que la gente bailó, cantó y jugó. Los jóvenes se dedicaron a coquetear, los viejos contaron historias y todos fueron felices.

Las ancianas levantaron una gran tienda para los recién casados en la parte central del campamento, cerca de la tienda del jefe, y allí vivieron felices durante muchas lunas Piya y su esposa.

Una mañana, al levantarse, el hechicero descubrió que su esposa había desaparecido.

Hizo averiguaciones en la tienda de su padre y en todo el campamento, pero no pudo encontrarla. De manera que el jefe convocó a toda la gente y preguntó por su hija, pero nadie pudo decir dónde estaba o qué había sido de ella.

Piya estaba destrozado y no hacía más que deambular de un lado a otro sin propósito alguno. Hasta que, un día, llegó junto a la tienda de su abuela.

—Entra en mi tienda, nieto. Te he estado esperando. Tu esposa ha desaparecido y yo te diré cómo recuperarla.

Piya entró en la tienda y su abuela le dio de comer. Cuando hubo comido y descansado, la anciana le dio también un gorro gris y un gran puñal.

—Cuando te pongas el gorro —le explicó—, nadie podrá verte, y cuando le claves a un enemigo el puñal, lo harás pedazos.

La anciana mostró un sendero a su nieto y le dijo que lo siguiera hasta llegar a un lago. Entonces tenía que ponerse el gorro gris e introducirse en el lago hasta que, en el fondo, encontrara un sendero. Después debía seguir ese sendero hasta llegar a un río. Cuando llegara al río tenía que ponerse de nuevo el gorro, lo que le permitiría atravesar las aguas. Al otro lado del río había un gran campamento, allí encontraría a su esposa.

Piya hizo lo que le había indicado su abuela. Siguió el sendero y llegó a orillas del lago. Una vez allí se puso el gorro y se adentró en las aguas hasta encontrar el sendero que discurría por el fondo. Siguió aquel sendero hasta llegar al río. Allí se puso de nuevo el gorro y cruzó al otro lado. Entonces vio un gran campamento, en cuyo centro había una enorme tienda.

Piya se volvió a poner el gorro para que nadie lo viera, fue hacia el campamento y se introdujo en la tienda grande. Dentro estaba sentada su esposa, cosiendo unos mocasines. El hechicero se sentó a su lado y se quitó el gorro.

Ella se sorprendió mucho de verlo, y le rogó que se la llevara consigo.

—Pero date prisa —dijo—, pues quien me secuestró y me trajo aquí es una fiera fuerte y salvaje, y si nos sorprende nos matará a los dos.

—No temas nada —repuso Piya—. Nos marcharemos de aquí, pero antes quiero ver al ser maligno que te ha secuestrado.

Sin embargo, ella le rogó tan encarecidamente que se marcharan de allí que él la tomó de la mano y la llevó fuera. En ese momento, la muchacha exclamó:

—¡Aquí viene, y nos matará a los dos!

Piya vio a una enorme fiera que se abalanzaba sobre ellos. Era Tatanka Wakan, el Bisonte Mágico. El muchacho se puso el gorro gris, y él y su esposa se volvieron invisibles. Entonces se abalanzó sobre el Bisonte Mágico y, clavándole el puñal, lo cortó en pedazos.

Después, con la ayuda del gorro mágico, Piya y la hija del jefe hicieron el camino de vuelta a casa. Tras salir del lago tomaron el sendero que llevaba a casa de la anciana. Cuando llegaron a su tienda ella los estaba esperando, y los invitó a entrar.

—Ahora, nieto —dijo—, pon el gorro en ese rincón y cuelga el puñal a un lado de la tienda. Os daré de comer a los dos.

Cuando hubieron comido, Piya y su esposa se levantaron para marcharse. La anciana los fue a despedir.

—Si alguna vez tienes problemas —le dijo a su nieto—, acuérdate de mí.

Después, ambos se pusieron en camino y, pasado mucho rato, llegaron a su campamento, donde fueron recibidos con gran alegría.

Llevaban algún tiempo en casa cuando la muchacha quedó encinta y dio a luz a un niño. La pareja fue muy feliz, y esta felicidad continuó durante muchas lunas. Pero, un día, el muchacho se despertó y descubrió que su esposa había desaparecido, y que él y el niño estaban solos. Volvió a convocar a la gente, para saber si alguien había visto a la muchacha, pero nadie sabía nada de ella. Piya dejó el niño al cuidado del jefe y se puso a buscar a su esposa.

Llevaba un tiempo yendo de un sitio a otro cuando recordó que su abuela le había dicho que acudiera a ella si tenía problemas, así que se encaminó hasta su tienda.

La anciana le estaba esperando en la entrada.

—Tu esposa y el hombre malvado que la secuestró pasaron por aquí hace muy poco —le dijo—. Pero no te preocupes, yo te ayudaré a recuperarla. Entra, come un poco y después te diré lo que has de hacer.

Cuando Piya hubo terminado de comer, la anciana le volvió a dar el gorro gris y el puñal y le pidió que la acompañara. Caminaron durante largo rato, hasta llegar a orillas de un río. Una vez allí, la anciana cogió un palo y, con ayuda de su magia, lo transformó en una canoa que tenía ojos grandes y cola.

—Súbete a la canoa —le dijo la anciana a su nieto—. No te preocupes por guiarla: ella te llevará adonde quieres ir. Una vez allí, la canoa se hundirá hasta que sólo se vea de ella la punta de la cola. Cuando vayas a volver, agarra la cola y tira de ella. Entonces la canoa volverá a salir a flote. Pero móntate en ella rápidamente, o se marchará sin ti.

Piya se subió a la canoa y ésta se puso en marcha. Todavía seguía navegando cuando se hizo oscuro. El muchacho se echó a dormir. Cuando despertó ya era de día, y muy lejos, alcanzó a ver un objeto oscuro. A medida que se aproximaba, pudo distinguir árboles.

Finalmente, la canoa se detuvo junto a la orilla. Piya se apeó de la embarcación y, al instante, ésta se hundió en el agua, hasta que sólo se le veía la cola. El muchacho miró a su alrededor y vio que la única manera de avanzar era seguir un sendero que se adentraba entre los espesos matorrales.

Piya siguió aquel camino hasta llegar a una gran casa de piedra. Dio la vuelta a la casa y vio huesos humanos y de animales de todo tipo diseminados por todas partes. Piya retrocedió hasta que encontró una gran puerta, por la que se introdujo.

Vio entonces a su esposa, cosiendo un par de mocasines. Ella levantó la mirada y se asustó mucho al verlo.

—¡Márchate de aquí lo antes posible! —le dijo—; los seres que me tienen prisionera son peores que el que mataste.

—No te preocupes —repuso Piya—, no pasará nada. Quiero ver a esos seres con mis propios ojos.

No llevaba mucho tiempo esperando cuando se oyó el estruendo de un poderoso trueno que sacudió toda la tierra.

—Márchate ahora mismo —insistió su esposa, muy asustada—. Ése es el Pájaro de Trueno, y no tardará en llegar.

Pero Piya le pidió que no tuviera miedo y, poniéndose el gorro, se sentó en un rincón. Al rato, entró el Pájaro de Trueno.

—¿Quién hay aquí? —preguntó, colérico—. He visto las huellas de alguien que ha dado la vuelta a la casa y ha entrado aquí.

—No ha entrado nadie —dijo la muchacha—. Si hubiera alguien, lo verías.

Mientras, desde el rincón, Piya se dio cuenta de que aquél era el Pájaro de Trueno del norte.

El Pájaro de Trueno le dijo entonces a la muchacha que el Pájaro de Trueno del oeste estaba en camino, y que él averiguaría quién había estado allí.

En efecto, al poco rato se oyó un estruendo que sacudió la casa y la tierra entera. Entró entonces el Pájaro de Trueno del oeste, quien regañó a su hermano del norte por no haberse fijado en que alguien había entrado en la casa y no había salido. Le preguntó entonces a la muchacha si había visto entrar a alguna persona, pero ella dijo que no había entrado nadie.

Los Pájaros de Trueno dijeron que esperarían al Pájaro de Trueno del sur, que estaba al llegar. Precisamente entonces se oyó un terrible estruendo que sacudió la casa y la tierra entera. A continuación entró el Pájaro de Trueno del sur, muy enfadado, pues había visto las huellas que daban la vuelta a la casa y entraban en su interior, pero no había encontrado huellas que indicaran que el intruso había salido. Sus hermanos le dijeron que también ellos habían visto las huellas y habían interrogado a la mujer, pero que allí no había nadie.

—Será mejor que esperemos al Pájaro de Trueno del este, que está a punto de venir —dijo el recién llegado.

Justo entonces se oyó un gran estruendo, que sacudió la casa y la tierra entera, y al instante entró el Pájaro de Trueno del este, regañando a los demás, pues había visto las huellas alrededor de la casa.

—También nosotros las hemos visto —dijeron los demás—. Pero aquí sólo estamos nosotros, y la mujer dice que no ha entrado nadie.

—Bueno —dijo el que acababa de llegar—. Será mejor que comamos ahora y busquemos después al intruso.

Los Pájaros de Trueno trajeron un gran puchero y metieron en él los restos humanos y de animales que cada uno había traído. Cuando la comida estaba casi lista para servirse, el muchacho se quitó el gorro y, con voz airada, ordenó a los monstruos que arrojaran fuera el contenido del puchero. Los Pájaros de Trueno se miraron entre sí muy asustados. Después sacaron el puchero y tiraron el contenido.

—¡Escuchadme! —exclamó entonces Piya—. Me voy a llevar a mi mujer y será mejor que no tratéis de impedirlo, porque si lo hacéis os mataré.

Dicho esto tomó a su esposa del brazo y la sacó de la casa. Una vez fuera, le dijo que fuera rápidamente hasta el río y lo esperara allí.

Cuando su esposa se hubo marchado, Piya se situó junto a la puerta, para oír la conversación de los Pájaros de Trueno. Éstos estaban discutiendo acaloradamente, y se decían unos a otros que eran unos cobardes y que debían salir rápidamente para atrapar al muchacho. En ese momento, entró Piya y se hizo visible ante ellos.

—Ya imaginaba que hablaríais así y por eso he vuelto —dijo el muchacho—. Ahora me marcho, pero no volváis a hablar de mí nunca más.

En ese momento tres de los Pájaros de Trueno salieron de la casa y se abalanzaron sobre él, pero Piya se puso el gorro y los esquivó. Después, uno tras otro, los atravesó con el puñal y los hizo pedazos.

Ahora sólo quedaba el Pájaro de Trueno que estaba dentro de la casa quien, al ver la suerte de sus hermanos, se puso a implorar por su vida. Piya vio que era el Pájaro de Trueno del este. Quitándose el gorro, se acercó a él y le dijo:

—Eres un ser malvado. Te encanta destrozar y matar. Ahora voy a acabar contigo.

El Pájaro de Trueno se dio cuenta de que el muchacho era un hechicero, pues había aparecido de la nada. Como estaba herido, el monstruo se puso a llorar como una mujer y rogó al hechicero que le perdonara la vida.

—Tú no sientes compasión por nadie —replicó Piya—, y yo tampoco me compadeceré de ti.

Entonces arrojó a un lado el gorro gris, blandió el puñal y avanzó hacia el Pájaro de Trueno. Pero el gorro fue a caer sobre uno de los monstruos muertos y, al no verlo, Piya tropezó con él y se cayó. En ese momento, el Pájaro de Trueno aprovechó para coger el gorro y ponérselo, de modo que Piya, aunque lo buscó por todas partes no pudo verlo.

El Pájaro de Trueno se burló de él, y dijo:

—Mis hermanos están muertos pero yo, el Pájaro de Trueno del este, vivo. Me quedaré el gorro gris y nadie volverá a verme. Ahora estoy débil y herido y no puedo hacerte nada, pero seré tu enemigo. Jamás dejaré de matar y destruir.

Muy triste por la pérdida del gorro, Piya fue a reunirse con su esposa. Cuando llegó allí ya era muy oscuro, así que tuvieron que esperar hasta que amaneciera. Durante la noche, vieron refulgir el ojo del Pájaro de Trueno, débil y apagado, aunque hacia el amanecer se hizo más fuerte y miró hacia ellos.

Cuando hubo bastante luz, Piya sacudió la cola de la canoa para que subiera a la superficie del agua. Ambos se montaron rápidamente en la embarcación y ésta los llevó lejos de allí, muy deprisa.

Navegaron durante todo el día y al anochecer se durmieron, mientras la canoa seguía adelante. A la mañana siguiente, alcanzaron a ver algo, muy lejos, y cuando la canoa se acercó más vieron que era el bosque que había junto a la parte del río donde terminaba el sendero que conducía hasta la tienda de la anciana.

La abuela los estaba esperando en la orilla. Cuando se apearon, retorció la cola de la canoa, y ésta comenzó a dar vueltas y más vueltas sobre la orilla, y a cada vuelta que daba se hacía más pequeña, hasta que quedó convertida en un leño.

Después fueron a la tienda de la abuela, quien dijo:

—Nieto, sabía que regresarías junto a tu esposa. Ahora cuelga el gorro y el puñal a un lado de la tienda. Si vuelves a tener problemas, acude a mí.

Cuando Piya le contó a su abuela cómo había perdido el gorro gris, la anciana ascendió a lo alto de una colina y entonó un canto fúnebre, pues sabía que el gorro se había perdido para siempre, y que ningún ser humano volvería a ponérselo.

La anciana regresó a la tienda y le dijo a su nieto, el hechicero:

—Me siento muy afligida, pues el gorro gris se ha perdido para siempre. El Pájaro de Trueno es tu enemigo y siempre lo llevará. Jamás dejará de atormentarte con sus maldades.

»Sólo hay un gorro que puede serte de ayuda. Es el gorro marrón. Está muy lejos, pero algún día tendrás que conseguirlo. Vuelve a tu casa. Cuando tengas problemas, acude a mí.

Después, la anciana dio de comer a la pareja, y cuando Piya y su esposa hubieron comido y descansado volvieron a su tienda. Al verlos llegar, la gente se alegró mucho, y el jefe dio una gran fiesta para todos.

Piya y su esposa vivieron felices, hasta que llegó la luna de invierno. Entonces, una mañana, Piya se levantó y su esposa no estaba junto a él. El muchacho se imaginó lo que había pasado, así que acudió nuevamente a su abuela, que estaba esperándolo a la entrada de su tienda.

—Nieto, alguien se ha llevado otra vez a tu esposa —dijo la anciana—. Debes ir a por ella y traer también el gorro marrón, que está en poder de su captor.

»Yo te prepararé para esta empresa. Me tendrás que traer tres cosas: un lobo, una tortuga y una alondra.

La anciana preparó entonces comida para su nieto y éste, cuando hubo comido y descansado, salió en busca del lobo, la tortuga y la alondra.

Recorrió las llanuras y encontró a un lobo enorme.

—Amigo mío —le dijo Piya— acompáñame y comeremos juntos.

El lobo estaba hambriento, así que se sentó junto al hechicero y ambos comieron durante todo el día, hasta entrada la noche.

A la mañana siguiente, Piya le explicó al lobo:

—He de ir a rescatar a mi esposa, y a hacerme con el gorro marrón. Mi abuela quiere prepararme para esa empresa, y te necesita, ¿podrías ayudarme?

El lobo respondió:

—Tengo poco pelo. El aliento de Yata, el Viento del Norte, me hiere. Te ayudaré, pues confío en que me darás los medios para vengarme de Yata.

De manera que el lobo y Piya viajaron juntos, hasta que llegaron a un extenso lago cenagoso, donde encontraron a una gran tortuga.

—Amiga mía —dijo Piya—. Ven a comer con nosotros.

La tortuga se sentó a comer con Piya y el lobo. A la mañana siguiente, el muchacho le dijo a la tortuga que iba en busca del gorro marrón, y necesitaba su ayuda.

—Mi piel es delgada y los insectos me pican —dijo la tortuga—, pero te ayudaré, si luego puedo vengarme de quienes chupan mi sangre.

Así que Piya, el lobo y la tortuga viajaron juntos hasta que, posada en un arbusto, encontraron a una alondra. Piya invitó a la alondra a comer con él, y después le pidió ayuda para buscar el gorro marrón.

La alondra dijo:

—Mi voz es áspera y no puedo entonar más que una nota y la urraca se ríe de mí; pero te ayudaré, si me brindas el modo de avergonzar a la urraca.

De manera que Piya, el lobo, la tortuga y la alondra fueron juntos a la tienda de la anciana. Ésta los estaba esperando a la entrada y dijo:

—Nieto, sabía que traerías lo que necesitaba. Entrad, entrad todos.

La anciana preparó un banquete para los cuatro, y estuvieron festejando hasta entrada la noche. Por la mañana, Piya comunicó a su abuela lo que le habían dicho el lobo, la tortuga y la alondra.

—Bien —dijo entonces la anciana dirigiéndose a los animales—. Si me proporcionáis lo que me hace falta, yo os daré lo que más deseáis.

El lobo, la tortuga y la alondra estuvieron de acuerdo.

—Lo que quiero —continuó la anciana—, es que el lobo le dé a mi nieto la astucia que le permita dar con senderos ocultos y encontrar cosas escondidas; que la tortuga le dé la habilidad para encontrar agua, y que la alondra le enseñe cómo ocultarse sin estar a cubierto.

—Lo que yo quiero —dijo entonces el lobo—, es un buen pelaje para mí y para los míos, para que de este modo podamos reírnos del viejo Yata.

—Lo que yo quiero —explicó la tortuga—, es un vestido duro y resistente, para reírme de los insectos que me pican y chupan la sangre.

—Lo que yo quiero —explicó por último la alondra—, es una voz agradable, para poder cantar melodiosamente, y avergonzar a la urraca.

—Bien —repuso la anciana—, si ayudáis a mi nieto en lo que os he dicho, os daré a vosotros, y a toda vuestra gente, lo que me pedís. Tenéis que acompañar a mi nieto a una región muy, muy lejana, en la que no hay ni hierba ni árboles, y donde no se encuentra más agua que la que mana de fuentes ocultas.

Los tres animales estuvieron de acuerdo.

—Nieto, aquí tienes el puñal y el sonajero mágicos. En esa región desolada de la que hablaba encontrarás a tu esposa.

Piya, el lobo, la tortuga y la alondra viajaron juntos, tal como la anciana les había dicho. A Piya le entristecía pensar en su esposa, pero los otros estaban felices, pues pensaban en lo que la anciana les daría a su vuelta.

Así viajaron durante muchos días, hasta que llegaron al territorio desolado. Piya se aprovisionó de comida y se introdujo en aquella región, después de que los animales le hubieran enseñado sus habilidades.

Al principio se desesperó, pues no veía ningún sendero, y tuvo que deambular sin rumbo. Entonces recordó la astucia que le había enseñado el lobo, y encontró un sendero oculto. Anduvo por él hasta que, al anochecer, gracias a lo que le había enseñado la tortuga, encontró una fuente escondida bajo una piedra, en la que había un poco de agua. Piya acampó allí durante aquella noche. A la mañana siguiente, apareció un oso, y Piya se ocultó tal y como le había enseñado la alondra. El oso vio que alguien había quitado la piedra de encima de la fuente y comenzó a rugir y a olfatear a su alrededor. Piya se mostró ante el animal, y el oso se

abalanzó sobre él. El hechicero agitó en su dirección el sonajero mágico, y el oso se quedó inmóvil, incapaz de moverse. Piya le enseñó el
puñal, y el oso gimoteó lastimosamente y le pidió que tuviese compasión.

—Si no me matas —imploró—, te ayudaré en todo lo que pueda.

Piya le dijo entonces que había venido a buscar a su esposa, que
había sido secuestrada.

—Si de eso se trata —dijo el oso—, puedo ayudarte. Quien se ha
llevado a tu esposa es el Bisonte Loco. Está prisionera en su tienda, que
tiene la forma de un gran cactus. Nadie puede entrar en ese cactus si no
lleva puesto el gorro marrón, que está oculto en una piedra roja que
parece un fruto del cactus.

Piya perdonó la vida al oso y se despidió de él. Después anduvo
cuatro días siguiendo el sendero oculto hasta que llegó a un enorme cactus. Entonces se ocultó y estuvo observándolo. Al poco, el Bisonte Loco
salió del cactus.

—¡Aquí huele a ser humano! —vociferó, y se puso a olfatear en todas direcciones, para luego precipitarse, entre gruñidos y bufidos, en la
dirección del sendero oculto.

Cuando se perdió de vista, Piya se dirigió al cactus y observó sobre él
lo que parecía un enorme fruto. Lo golpeó con su puñal y, cuando cayó al
suelo, vio que era una piedra. Piya golpeó la piedra con el puñal y la
partió en dos. Dentro encontró el gorro marrón, y se lo puso inmediatamente. En el cactus se abrió una puerta y Piya entró por ella. En el interior estaba su esposa, muy asustada, aunque se alegró de verlo.

—Huye de aquí cuanto antes —le dijo—, pues el Bisonte Loco es un
demonio terrible, y te matará.

—No tengas miedo —replicó su marido—. Haz lo que yo te diga y
nada nos pasará.

En eso, llegó el Bisonte Loco y, al ver que la piedra estaba rota, se
puso a rugir de rabia. Piya se ocultó. El demonio entró en el cactus y
dijo:

—¡Huelo a hombre! ¿Donde está?

162

—Aquí no ha entrado ningún hombre —dijo la mujer, muy asustada.

—Si me estás ocultando a alguien te destrozaré —vociferó el Bisonte Loco.

Desde su escondite, Piya le dijo a la mujer:

—Sal corriendo de aquí.

El Bisonte Loco se volvió para ver quién hablaba, mientras la muchacha escapaba del cactus.

Cuando el muchacho salió de su escondite el Bisonte Loco se abalanzó sobre él, pero Piya agitó el sonajero y el monstruo se quedó inmóvil.

—Veo que eres un hechicero poderoso —dijo el Bisonte Loco—. Tendríamos que ser amigos, pues también yo tengo mucho poder. Si colaboráramos nadie se nos podría oponer.

Piya calló.

—Si eres mi amigo —insistió el Bisonte Loco—, te daré mi poder. Serás un jefe y un héroe, y las mujeres entonarán tus cánticos.

Piya calló.

—Te daré mi poder —imploró el monstruo—, y tendrás mucha carne, y mantos y podrás robar las esposas de otros hombres, y hacer lo que quieras, sin que nadie te detenga.

Piya miró a lo lejos, pero no dijo nada.

El Bisonte Loco se envalentonó y dijo:

—Déjame el gorro marrón y te mostraré cómo hay que utilizarlo, para que puedas obtener cualquier cosa.

Entonces Piya dijo:

—Me cuentas esas mentiras para escapar de mí, pero no escaparás.

Extrajo entonces el gran puñal, y el Bisonte Loco imploró por su vida.

Pero Piya le replicó:

—¡Eres un demonio que no ha tenido piedad de nadie, y yo no tendré piedad de ti!

Entonces asestó una puñalada al Bisonte Loco y lo cortó en cuatro pedazos. Después fue en busca de su esposa y juntos siguieron el sendero oculto hasta llegar adonde el lobo, la tortuga y la alondra los esperaban. Todos se alegraron mucho al verlos volver, y juntos regresaron hasta la tienda de la anciana. Ella les estaba esperando fuera y dijo:

—¡Nieto, sabía que encontrarías a tu mujer y traerías el gorro marrón!

Entonces celebraron una fiesta y estuvieron divirtiéndose hasta entrada la noche. A la mañana siguiente, la anciana dio al lobo, la tortuga y la alondra lo que les había prometido y los tres se marcharon juntos por el sendero. Después, la mujer le dijo a su nieto que colgara el gorro marrón y el puñal a un lado de la tienda y conservara el sonajero, pues mientras lo tuviera en su poder nada malo podía pasarle ni a él ni a su esposa.

Piya y su mujer se reunieron con los suyos, que los recibieron con gran alegría, cantando canciones, y bailando. El jefe celebró en su honor una gran fiesta en la que dio muchos regalos a todo el mundo. Las mujeres levantaron una nueva tienda junto a la del jefe y en ella vivieron durante mucho tiempo Piya, el hechicero, y su esposa.

Los sioux oglala son un pueblo de las Grandes Llanuras de Norteamérica. Poseedores de una rica cultura, su subsistencia se basaba sobre todo en la caza de las grandes manadas de bisontes que, antes de ser casi exterminadas por los invasores de origen europeo, pasaban regularmente por su territorio.

CÓMO LLEGÓ EL BUEN TIEMPO
(Hopi, Estados Unidos)

¡Escuchad!

En Tuákpi, al norte del pueblo de Hóyapi, hay una pequeña escarpadura. En aquel lugar vivían hace mucho tiempo las serpientes, y allí tenían sus kivas, sus casas ceremoniales excavadas en la tierra. Durante el verano iban y venían en forma de serpiente, pero en invierno colgaban de la pared sus pieles de reptil y pasaban el tiempo en sus kivas, convertidas en personas como nosotros. Bastante lejos de donde vivían las serpientes, en un lugar llamado Túvanashavi, había en la tierra una grieta profunda, y allí vivían las langostas. Alrededor de la casa de las langostas no había nieve, pero en cualquier otro sitio ésta era muy profunda. Nadie había visto nunca tanta nieve, y hacía tanto frío que se temió que, de no ponerse remedio, mucha gente moriría. Pues sucedía entonces que los inviernos eran muy largos, y los días de buen tiempo apenas duraban.

Una vez, nevó muchísimo, y la nieve que cubría la tierra llegaba hasta la cintura. La situación era tan preocupante que el jefe de las serpientes meditó sobre el asunto, y dijo a su pueblo:

—¡Escuchadme! Esto no puede seguir así. Estamos agotados y enfermos, y nuestros hijos se mueren. Hemos de hacer algo. Propongo que el más fuerte de entre nosotros vaya hasta Túvanashavi, donde viven las langostas, nuestras hermanas, para ver si ellas pueden ayudarnos.

Entonces llamaron a Tuwá, la serpiente de cascabel que vive entre la arena y le dijeron:

—Tú eres fuerte, ve e intenta llegar hasta nuestras hermanas de Túvanashavi.

De modo que esta serpiente se puso en camino y comenzó a avanzar con gran esfuerzo por entre el espeso manto de nieve, pero aún no había llegado a su destino cuando sintió un frío y un cansancio tales que se vio obligada a regresar.

Entonces llamaron a Lolukong, la serpiente toro.

—Tú eres valiente —le dijeron—. Intenta tú llegar hasta el pueblo de nuestras hermanas, las langostas.

De manera que Lolukong se puso su piel de serpiente y emprendió el camino hacia Túvanashavi. Pero apenas había recorrido una parte del trayecto cuando quedó agotada y, tiritando de frío, tuvo que regresar.

El jefe llamó entonces a Táho, la serpiente corredora, y le dijo:

—Tú eres rápida y ligera de peso, tú puedes intentarlo. Allí donde veas un lugar despejado que la nieve no haya cubierto, podrás descansar un rato. Quizá de este modo llegues hasta nuestras hermanas.

Así que Táho se puso su traje de serpiente y comenzó a andar. Se abrió camino lentamente, y cada vez que sentía frío levantaba la cabeza por encima de la nieve, y si veía que de ella sobresalían árboles o hierba iba hacia allí y descansaba. De este modo llegó finalmente a su destino, y vio que alrededor de Túvanashavi no había ni el más pequeño copo de nieve. Allí hacía calor, y hasta crecían flores y hierba. A partir de entonces pudo ir más deprisa, y cuando por fin llegó hasta la kiva donde vivían las langostas descendió por la escalera que llevaba al interior.

—Entra, entra y siéntate —dijeron las langostas, mostrándose muy amables y hospitalarias.

También ellas tenían entonces forma de persona, y de la pared de su kiva colgaban sus pieles de insecto.

Entonces le dieron de comer a la serpiente frutas frescas y maíz recién cortado. El exhausto mensajero no podía dar crédito a sus ojos, pues en su tierra hacía tiempo que no veían aquellos manjares exquisitos. Y es que las langostas tenían unas flautas mágicas cuyo sonido hacía fundirse la nieve y traía el buen tiempo, y, por eso, mientras las serpientes padecían frío y hambre, ellas gozaban del calor del sol y poseían toda clase de comida.

Cuando Táho se hubo repuesto, se le acercó el jefe de las langostas.

—Bien —le dijo—, imagino que habrás venido por algún motivo.

—En efecto —respondió Táho—. Sucede que en nuestra tierra ha nevado durante días y días, y todo está cubierto de nieve. Hace mucho frío y, no tenemos apenas leña para encender fuego. Además, como no podemos cultivar la tierra, nosotras y nuestros hijos padecemos hambre. Hemos intentado varias veces llegar hasta aquí, pero sólo yo he podido conseguirlo. Tened piedad de nosotras y ayudadnos.

Estas palabras conmovieron a las langostas quienes comenzaron de inmediato a prepararse para el viaje. Le dijeron a Táho que al cabo de cuatro días se reunirían con sus hermanas las serpientes. Mientras, para que el mensajero pudiera volver con los suyos y comunicarles la noticia, una de la langostas tomó su flauta, y saliendo de la kiva se puso a tocarla desandando el camino que había hecho la serpiente y fundiendo la nieve a su alrededor. Cuando hubo vuelto a la kiva, la langosta le dijo a Táho:

—Ahora no tienes nada que temer. La nieve no obstaculizará tu camino, y verás un sendero despejado que te llevará hasta las puertas de tu casa.

De modo que Táho salió de la kiva y, en efecto, se encontró con un sendero libre de nieve que conducía hasta su hogar. No padeció frío, y pudo llegar a la casa de las serpientes en muy poco tiempo.

Cuando entró en la kiva, todas las serpientes se agolparon a su alrededor.

—¿Conseguiste llegar? —le preguntaron.

—Sí —contestó Táho—. Llegué hasta allí y las langostas me dijeron que dentro de cuatro días se reunirían con nosotras. Sólo tenemos que esperarlas.

Todas las serpientes se mostraron entonces muy satisfechas, y le dieron efusivamente las gracias al valiente mensajero.

Entonces se pusieron a aguardar la llegada de las langostas. Y, en efecto, al atardecer del cuarto día las serpientes escucharon el melodioso sonido de unas flautas, y poco después vieron llegar a sus hermanas.

—Entrad, entrad —les dijeron—. Sed bienvenidas.

Y las langostas, en su forma humana, fueron bajando una a una por la escalera de la kiva, y a medida que entraban, la fría estancia se iba haciendo más cálida.

Apenas habían abandonado su propia kiva, las langostas se habían puesto a tocar sus flautas, y al instante, allá por donde pasaban, la nieve comenzaba a fundirse y desaparecer. Para cuando llegaron hasta la casa de las serpientes ya no quedaba ni un copo de nieve. Nada más entrar, las langostas comenzaron a bailar en la kiva, y a cantar esta canción:

> ¡Salud hermanos, salud hermanas!
> Flautas grises, flautas azules;
> hermosa es la vida hermanos,
> el verano llegará,
> brotarán las flores,
> las flores se abrirán.
>
> El bello verano llegará
> con el canto de las jóvenes langostas;
> brotarán las flores,
> las flores se abrirán.

Apenas terminaron de bailar y cantar, las langostas salieron de la kiva, no sin que antes las serpientes les agradecieran encarecidamente su visita. Sí, aquella misma noche las langostas regresaron a su hogar. En la kiva de las serpientes reinaba un agradable calor, y por primera vez en mucho tiempo sus moradores durmieron plácidamente. A la mañana siguiente, cuando salió el sol, todas las serpientes se asomaron al exterior y vieron que ya la blanca capa había desaparecido y que, en su lugar, la tierra estaba cubierta de charcos dejados por la nieve al fundirse. Las serpientes se sentaron bajo el sol, y se deleitaron viendo brotar la hierba.

A partir de entonces, aquellos inviernos terribles e interminables tocaron a su fin, y a la estación fría sucedían siempre la primavera y el verano. Y las serpientes sabían, como lo saben ahora los hopi, que cuando se oía el chirriar de las langostas, el sonido de sus flautas, era señal de que el buen tiempo había llegado.

Los hopi viven en el desierto de Arizona, en Estados Unidos. Pertenecen a la familia de los llamados «indios pueblo». Son agricultores que habitan en poblados permanentes de piedra y adobe.

EL JAGUAR Y EL FUEGO
(Pemón, Venezuela)

Buscando comida, un Jaguar entró en un campamento abandonado y allí encontró un Fuego. El Fuego era muy poca cosa, y agonizaba envuelto en su manto de cenizas. Todavía le brillaban los ojos, pero éstos estaban a punto de apagársele. El Jaguar se puso a husmear por aquel sitio y, sin quererlo, sopló sobre el Fuego, avivándolo un poco.

—¿Qué haces en este lugar, hermano? —preguntó el Jaguar.

El Fuego contestó:

—Aquí estoy, muriéndome de hambre porque la gente se ha ido, dejándome abandonado.

—Y tú, ¿qué es lo que comes? —volvió a preguntar el Jaguar.

—¿Qué voy a comer yo, pobre de mí? —contestó el Fuego con voz apagada—. Pajitas y hojas secas.

—¡Ah! —replicó el Jaguar— yo soy distinto. Yo como venados, tapires, pecaríes, bueyes, caballos, y hasta peces que cojo del agua.

—Si es así —dijo el Fuego— yo como más que tú, pues sólo te he dicho una parte de mis alimentos.

—Veamos si es verdad —insistió el Jaguar—. Dime todo lo que tú comes.

—Yo me alimento de esas mismas cosas que has mencionado —repuso el Fuego—, y además, ya te lo he dicho, de pajas, hojas secas y hasta de los mismos árboles. —Y al decir esto, como el Jaguar lo había estado avivando con sus resoplidos, el Fuego le chamuscó las cejas.

—Hasta que no te vea comer un árbol —dijo el Jaguar—, no creeré que seas capaz de ello. Venga, hazlo, devora un árbol.

El Fuego le contestó:

—Eso depende de ti. Si me soplas, yo devoraré un árbol. Ése es mi gran problema: no sé buscarme el alimento por mí mismo.

El Jaguar se puso a soplar sobre el Fuego, y sobre él saltaron varias chispas, que le quemaron la piel en varios sitios. De ahí las manchas negras que tienen hoy día los jaguares.

Asustado, el Jaguar se quejó:

—No hagas eso, hermano; come con más cuidado y no me devores a mí, que te estoy ayudando.

El Fuego le contestó:

—Ten tú cuidado, porque yo soy así. Ya te dije que como de todo.

El Jaguar sopló de nuevo y el campamento se incendió. El Jaguar vio cómo el Fuego devoraba todas las hojas y ramas de que estaba hecho el campamento. Pero el Fuego volvió a empequeñecerse, y le dijo al Jaguar:

—Ya ves, hermano, que como paja, hojas y palos.

Pero el Jaguar replicó:

—Yo quiero verte comer más cosas, no sólo hojas y palos. Quiero ver cómo devoras el tronco mismo de los árboles.

—Eso depende de ti —volvió a decir el Fuego—. Sóplame, para que veas que también como eso.

El Jaguar volvió a soplar, y el Fuego se extendió por la hierba de la sabana, y prendió la montaña. En ese momento, vino un fuerte viento y el Fuego lamió los árboles y se propagó en grandes llamaradas, crepitando con estrépito. El Jaguar se moría de miedo, pero el Fuego le gritaba:

—¿No te dije que yo comía todas las cosas? Y a ti también...

Y, diciendo esto, con una gran llamarada, avanzó sobre el Jaguar con su lengua brillante. Y el Jaguar, viéndose casi rodeado por las llamas, huyó despavorido.

Así el Fuego probó al Jaguar que comía más que él. Por eso, los pemón hacen hogueras en sus campamentos, porque saben que el fuego ahuyenta a los jaguares.

Los pemón, en otros tiempos conocidos también como arekuna, son un pueblo de agricultores que vive en la región de la Gran Sabana, en el estado venezolano de Bolívar.

LA MUJER Y LOS RATONES
(Shuar, Ecuador)

Cuentan que, hace mucho tiempo, las mujeres no tenían a sus hijos del mismo modo que ahora. Concebían normalmente pero, llegado el momento del parto, sus maridos tenían que abrirles el vientre para que la criatura pudiera nacer. Porque, dicen los ancianos, en aquellos días la mujeres no sabían dar a luz. Siempre había que abrirles el vientre, y jamás vivían para conocer a sus hijos.

Un día, una de aquellas mujeres quedó encinta. Pasó el tiempo y, cuando ya el parto estaba próximo, su marido le dijo:

—Yo voy a reunir leña. Tú ve a nuestra huerta, pues se acerca el momento en que tenga que abrirte el vientre para que nazca nuestro hijo.

Muy afligida, la esposa fue hasta la huerta para probar los primeros frutos de la cosecha, como es costumbre que hagan las mujeres. Mientras probaba los frutos nuevos, la mujer lloraba sin tregua. Y así estaba, llorando desconsoladamente, cuando apareció ante ella una familia de ratones. Las hembras de los ratones, que cargaban a sus hijos recién nacidos, se acercaron a la mujer, que gemía en medio de su huerto.

—¿Por qué lloras, mujer? —le preguntó una ratona.

—Lloro —respondió ella—, porque ha llegado la hora de que nazca mi hijo, y mi marido me va a abrir el vientre. He venido aquí por última vez —añadió—, para probar los frutos nuevos de la huerta.

—¿Y por qué habría de destriparte tu marido? —insistió la ratona, intrigada.

—Entre los seres humanos —explicó la mujer—, es lo que se hace cada vez que una mujer ha de tener un hijo, ¡no hay más remedio!

—¡A nosotras nunca nos sucede eso! —replicó la ratona, muy sorprendida—. Nosotras alumbramos a nuestros hijos y, pese a ser tan pequeñas, ninguna muere al dar a luz.

La mujer miró con sorpresa a los ratoncitos.

—¿Alumbrar? ¿Qué es eso? —preguntó.

—Mira a mis hijas —dijo la ratona—. Aunque sean tan pequeñas ellas han tenido todas esas criaturas que ves. Mucho les ha dolido tenerlos, pero después han sanado otra vez. Escúchame atentamente, ¡yo te diré cómo has de alumbrar a tu hijo!

—¿De veras? —preguntó la mujer, esperanzada.

—¡Sí! —dijo la ratona, muy decidida—. Sólo te pido una cosa a cambio: que me entregues una parte de la cosecha. Si lo haces, te enseñaré a dar a luz.

La mujer estuvo de acuerdo, y dijo a la ratona que podía llevarse una parte de la cosecha. Muy contentos, los ratones se dispersaron por la huerta, y tomaron la parte de la cosecha que la mujer les había dado. Entonces volvió a presentarse la madre ratona ante la mujer.

—Danos todavía un poco más —imploró—, pues las cestas de mis hijas están aún vacías.

La mujer entregó más frutos a la ratona, y cuando ella y toda su familia tuvieron llenas las cestas, le dijeron a la mujer.

—¡Muy bien, ahora siéntate!

Las ratonas lavaron con agua caliente a la mujer, para librarla del mal ojo pues, como todo el mundo sabe, una mujer encinta no debe ser vista por extraños. Después, enseñaron a su amiga cómo debe darse a luz, y de ese modo siguen haciéndolo las mujeres de nuestro pueblo. Y la mujer dio a luz. Las ratonas cortaron entonces el cordón umbilical del niño y, tras lavar a la criatura, se la entregaron a la madre.

—Vuelve ahora a tu casa —le ordenaron—. Acuéstate junto al fuego y aliméntate bien. Verás como tus pechos se llenan de leche. Con esa leche alimentarás a tu hijo.

Y la mujer, dándole las gracias a sus bienhechoras, regresó a casa. Su marido se sorprendió mucho al verla con el niño.

—¿Cómo es posible? —le preguntó—. ¿Qué has hecho para tener a nuestro hijo?

—Han sido los ratones, los ratones me enseñaron a dar a luz. Los que nosotros perseguimos como si fueran animales porque se comen los frutos de nuestras huertas son en realidad como personas. Ellos me ayudaron a tener al niño, y ahora se han ganado el derecho a una parte de lo que cultivamos.

Así que, desde entonces, las mujeres aprendieron a alumbrar a sus hijos. Por eso, desde ese día, los shuar no matan a los ratones que invaden sus huertas. Al haber enseñado a las mujeres el secreto del parto, esos animalitos se ganaron su parte de la cosecha.

Los shuar, también conocidos como jíbaros, viven en pequeños grupos en la selva amazónica ecuatoriana, donde se dedican a cazar y a cultivar la tierra.

El joven comenzó a golpear el gran recipiente con su arco.

EL ORIGEN DE LA NOCHE
(Aché, Paraguay)

Al principio, nadie dormía, porque no existía la noche. El Sol no dejaba nunca de brillar, y estaba siempre inmóvil en el cielo. En medio de la selva, en un calvero siempre iluminado por el Sol, dentro de una enorme olla, Baio tenía encerrada a la oscuridad, y junto a ella también estaban prisioneros todos los pájaros y animales nocturnos. Los seres humanos eran muy felices, pues siempre tenían luz y no conocían los terrores de la noche.

Así estaban las cosas cuando, un día, un padre y su hijo salieron de caza. Persiguiendo a un venado llegaron al centro de la selva, y allí vieron la olla de Baio.

—Vayámonos de aquí —urgió el padre—. Esta olla debe de pertenecer a Baio, el genio de la selva, y se enfadará si nos sorprende.

—No, espera un poco —replicó el muchacho—. Nunca había visto una olla tan grande, ¿qué habrá dentro?

—¿Qué más da lo que pueda haber dentro? —dijo el padre—. Ésta debe de ser la olla de Baio, y preferiría no tener que encontrarme con él.

—¡Qué cobarde eres! —repuso su hijo—. No creo que Baio se entere de que hemos estado aquí, y quizá la olla tenga algo de lo que podamos beneficiarnos. —Y, diciendo esto, el joven comenzó a golpear el gran recipiente con su arco, intentando averiguar si estaba lleno o vacío. Pero, pese a su tamaño, la olla resultó ser muy frágil. Apenas el muchacho le hubo dado dos o tres golpes con su arco, se rajó, abriéndose en ella una gran grieta.

Por aquella grieta escaparon la noche y todas sus criaturas. También la Luna salió del interior de la olla y se ocultó entre las tinieblas. El propio Baio, muy enfadado, se ocultó en la noche. Todo estaba oscuro. No había ni el menor atisbo de luz.

El muchacho que había rajado la olla lloró desconsolado. Tenía mucho miedo. Él y su padre regresaron a tientas a su campamento.

—¿Qué ha pasado? ¿Adónde ha ido el Sol? —preguntó la gente, aterrorizada.

—¡Rompí la olla de Baio! —gimió el muchacho—. De su interior salió toda esta negrura.

Todos tenían mucho miedo pues, acostumbrados a un día sin fin, la oscuridad les producía pavor.

Pasaron días y más días, y el cielo seguía oscuro. Nadie se atrevía a entrar en la selva, pues allí ululaban los búhos y las lechuzas, rugían las fieras que acechan en la oscuridad, y se movían un sinfín de otros animales nocturnos surgidos de la olla que los hombres no habían visto jamás.

«¿Qué haremos ahora? —se lamentaba la gente—. ¿Cómo lograremos que se haga otra vez de día? Si no conseguimos que vuelva a lucir el Sol no podremos salir de caza, y nos moriremos de hambre».

Los hombres hicieron toda clase de ofrendas y sacrificios para que volviese a brillar el Sol, pero fue inútil, nada parecía surtir efecto. Por último, al propio joven que había roto la olla se le ocurrió la idea de quemar cera de abejas. El humo de la cera ascendió al cielo y poco a poco, despejó la oscuridad e hizo que el Sol, que antes estaba completamente parado, saliese de detrás de las tinieblas y se pusiera a caminar. Desde ese momento el día y la noche se alternaron, y los hombres pudieron seguir viviendo más o menos como al principio aunque, naturalmente, las cosas ya no fueran como antes. Pero al menos ahora había unas horas de luz, durante las cuales era posible cazar y procurarse el sustento diario.

A partir de entonces los aché queman cera de abejas durante las ceremonias de iniciación de los muchachos para recordarles que, con aquella ofrenda, lograron que volviera a salir el Sol, después de que un joven desobediente liberara a la noche de su encierro.

Los aché son cazadores y recolectores que viven en las selvas paraguayas. Hasta hace muy poco, este pueblo era víctima de una atroz persecución por parte de los colonos blancos que invadían sus tierras. Los aché están emparentados con la gran familia guaraní.

KEMÁNTA
(Selknam, Tierra del Fuego)

Hace mucho, mucho tiempo, una familia de selknam acampó a orillas del mar. Mientras los demás levantaban las tiendas, una mujer del grupo fue a la playa para recoger moluscos. Estaba absorta en su tarea cuando le pareció oír un extraño sonido en la lejanía. Era un ruido sordo, como si la tierra retumbara. Llegaba desde muy lejos, pero parecía aproximarse por momentos. La mujer aguzó el oído, y se percató de que el rumor se hacía más y más fuerte; después volvió con los suyos, que no habían notado nada.

—Allí, en la playa, he oído un ruido extraño —les dijo—. Todavía suena en la lejanía, pero se acerca cada vez más.

—Nosotros no hemos oído nada —dijeron los demás—. ¿Qué podrá ser?

Todos fueron corriendo hasta la playa. Allí oyeron el extraño rumor. Vieron entonces que el mar estaba encrespado y las olas rompían con furia sobre la orilla.

—¡Se acerca una terrible tempestad! —dijo entonces uno de los hombres.

Y así era. El poderoso Xóse, la Nieve, a quien nadie puede resistir, se acercaba por primera vez a nuestras tierras. Incluso hoy día anuncia siempre su llegada con un sordo retumbar. Entonces todos buscamos refugio, pues, ¿quién puede hacer frente a la Nieve?

La familia se preparó para afrontar la tempestad. Sabían que caería mucha nieve y que soplaría un viento terrible. Pero la mujer de oído fino, la primera que había notado la llegada del temporal, le dijo a su gente:

—Para protegernos de esta tempestad debemos marcharnos de aquí inmediatamente. Yo creo que lo mejor será que busquemos refugio en el mar.

Todos estuvieron de acuerdo. Sin embargo, sucedía que Kemánta, el marido de aquella mujer, no sabía nadar.

—Id vosotros al agua —dijo—. Yo me resguardaré entre las rocas. Cuando pase la tempestad regresaré a nuestro territorio.

—¡Eso es imposible! —replicó su esposa—. ¡Debes venir con nosotros!

—¡No, no! —insistió Kemánta—. Dejadme aquí, no hay otra opción. Más tarde os buscaré. ¿Qué otra cosa puedo hacer?

—¡Ven con nosotros! —imploró su mujer—. No te podemos dejar aquí, solo. El mundo del agua también es bello, ¡acompáñanos!

Entonces, sin atender a sus protestas, los cuñados de Kemánta lo agarraron de los brazos y lo arrastraron hasta casi alcanzar la orilla. Pero cuando llegaron allí, al borde del agua, Kemánta logró liberarse y se negó a dar un paso más. No sabía nadar, y tenía mucho miedo.

Una vez más, sus parientes lo agarraron y lo llevaron hasta la orilla. Esto se repitió tres veces. Kemánta era llevado al mar por los suyos pero siempre, en el último momento, se soltaba, negándose a introducirse en las agitadas aguas. Finalmente, cuando ya el cielo se había oscurecido sobre sus cabezas, y la tormenta amenazaba con descargar toda su furia, los cuñados de Kemánta lo agarraron con fuerza y lo metieron en el agua. Una vez allí, Kemánta se hundió y sus parientes tuvieron que sacarlo a la superficie. Esto sucedió muchas veces. Cada vez que Kemánta se hundía, los suyos lo sacaban otra vez fuera. Y así fue hasta que, finalmente, Kemánta se acostumbró al agua.

Alegre, la familia se alejó de la orilla, introduciéndose en el océano. Tanto les gustó aquel mundo que no volvieron nunca a la tierra, pues todos se transformaron en delfines. Kemánta y su familia permanecieron juntos. Si os acercáis a la orilla podréis verlos. Los delfines nadan siempre juntos, y ¡cómo disfrutan jugando en el agua! Si os fijáis, veréis cómo Kemánta se alza ligeramente sobre las aguas y luego vuelve a hundirse, para ser llevado de nuevo a la superficie por sus cuñados. Pues así se mueven los delfines en el mar, se sumergen y luego vuelven a salir, aunque quizá Kemánta sepa nadar un poco mejor.

Los selknam, también conocidos como ona, eran cazadores y recolectores que vivían en la mayor de las islas que comprenden la inhóspita región conocida como Tierra del Fuego, hoy día repartida entre Chile y Argentina. Cuando sus territorios tradicionales fueron invadidos por los ganaderos blancos, los selknam sufrieron una implacable persecución que provocó su total exterminio.

FUENTES

A continuación indico la publicación que he utilizado para hacer mi versión de cada cuento y el título original que el relato tiene en dicha obra. La referencia completa de cada una de las fuentes se encontrará en la bibliografía.

OCEANÍA

MEAMEI, LAS SIETE HERMANAS
Catherine Parker, *Australian Legendary Tales,* «Meamei the Seven Sisters», páginas 40-46.

EL HOMBRE QUE QUISO CONOCER A LA LUNA
Gunnar Landtman, *The Folk-Tales of the Kíwai Papuans*, texto 455, «The Wanderings of the Sun (Hiwío), the Moon (Ganúmi), and Darkness (Dúo)», páginas 489-491.

QUAT
R. H. Codrington, *The Melanesians*, págs. 156-158 del capítulo 10, «Spirits», donde Codrington incluye más relatos del mismo personaje.

LOWA, EL CREADOR
William H. Davenport, «Marshallese Folklore Types», «The Creation Myth», páginas 221-223.

EL HIJO DEL SOL
Lorimer Fison, *Tales from Old Fiji,* «The Story of the Sun-Child», págs. 33-39.

MAUI, EL DE LOS MIL ARDIDES
Sir George Grey, *Polynesian Mythology*, «The Legend of Maui», págs. 13-14, 25-34. Yo he tomado sólo dos de los varios episodios del ciclo de Maui que Grey reproduce en su libro.

ASIA

EL MUCHACHO DEL OCASO
Susie Hoogasian-Villa, *100 Armenian Tales*, «The Sunset Lad», págs. 430-433.

EL ARCO IRIS
Maung Htin Aung, *Burmese Folk-Tales*, «The Rainbow», págs 139-143.

ESEGE MALAN Y LA MADRE TIERRA
Jeremiah Curtin, *A Journey in Southern Siberia*, «Esege Malan and Mother Earth», págs. 124-126.

LA SERPIENTE, EL MOSQUITO Y LA GOLONDRINA
Shujiang Li y Karl W. Luckert, *Mythology and Folklore of the Hui*, «Why Swallows Are Befriended with Humankind», págs. 439-440.

LA VENGANZA DE LOS CUENTOS
Zong In-Sob, *Folk Tales from Korea*, cuento 68, «The Story-Spirits», páginas 154-157.

LA MONTAÑA DONDE SE ABANDONABA A LOS ANCIANOS
Keigo Seki, *Folktales of Japan*, texto 53, «The Mountain Where Old People Were Abandoned», págs. 183-186, con algunos elementos de la versión que con el título «The Mountain of Abandoned Old People» incluye R. M. Dorson en *Folk Legends of Japan*, págs. 222-225.

EUROPA

FINN MAC COOL Y EL GIGANTE DE UN SOLO OJO
Jeremiah Curtin, *Myths and Folk Tales of Ireland*, «Birth of Fin MacCumhail»,
págs. 139-142. Sólo he tomado uno de los episodios de este largo cuento.

LA DAMA DEL LAGO
John Rhys, *Celtic Folklore*, vol. 1, págs. 2-12. Rhys reproduce el texto íntegra-
mente tal como figura en la introducción del libro de John Williams («Ab Ithel») *The
Physicians of Myddvai*. A su vez, el texto había sido recogido por William Rees, del
testimonio oral de tres ancianos de Myddfai, el lugar donde se desarrolla la leyenda.
Para narrar mi versión he tenido en cuenta datos aportados por Robin Gwyndaf en su
artículo «A Welsh Lake Legend».

LA LUNA MUERTA
M. C. Balfour, «Legends of the Cars», «The Dead Moon», págs. 157-164. El
texto original está en el dialecto de Lincolnshire. He consultado también el resumen
del cuento que, en inglés estándar, ofrece Katharine Briggs en su libro *British Folktales*,
págs. 21-23.

EL SOL Y EL ERIZO
Assen Nicoloff, *Bulgarian Folktales*, texto 38, «The Sun and the Hedgehog»,
págs. 110-111.

LA CREACIÓN DEL MUNDO
Lauri Honko et al., *The Great Bear*, texto 450, «The Sampo», pág. 655. He tomado también algún elemento de «The Creation», el texto 5 del mismo libro, páginas 96-97. Asimismo, he tomado algunos datos del libro de Juha Y. Pentikäinen,
Kalevala Mythology, pág, 49.

LA SIMIENTE DE LA TIERRA
Mircea Eliade, *De Zalmoxis a Gengis-Khan*, capítulo 3, «El diablo y Dios», páginas 85, 92-93. He redactado mi versión del cuento basándome en el extenso resumen que cita Eliade en la mencionada obra.

ÁFRICA

El Sol, la Luna y el Agua
Elphinstone Dayrrell, *Folk Stories from Southern Nigeria*, texto 16, «Why the Sun and the Moon live in the Sky», págs. 64-65.

Anansi, la Araña
Jack Berry, *West African Folktales*, textos 22, «Spider's Bargain with God», y 53, «The Tale of the Enchanted Yam», págs. 38-39, 86-88.

Por qué el Cielo está tan lejos
Ahmed Artan Hanghe, *Sheekoxariirooyin Soomaaliyeed. Folktales from Somalia*, «The Sky and the Women», págs. 110-111.

El pájaro de la Canción Hermosa
Colin M. Turnbull, *The Forest People*, págs. 182-183. He desarrollado el cuento según el resumen que ofrece Turnbull en el capítulo cuarto del libro citado. También he utilizado otra versión del cuento, algo más detallada, que el mismo Turnbull publicó en su trabajo «Legends of the BaMbuti», pág. 55.

Konandima
Megan Biesele, *Women Like Meat*, «The Creation of the World, Version I», páginas 124-128.

Las aventuras de Mantis
Dorothea Frances Bleek, *The Mantis and His Friends*, «Mantis and the Cat», «Mantis and the Magic Bird», págs. 19-21, 28-30. La canción del Gato, que figura en el primero de los episodios, procede del libro de Wilhelm Bleek y Lucy Lloyd, *Specimens of Bushman Folklore*, págs. 220-222.

AMÉRICA

Cuervo, el embaucador
Henry Tate, *The Porcupine Hunter*, «Raven steals daylight», págs. 128-131. He consultado también la versión que ofrece Franz Boas en *Tsimshian Texts*, páginas 22-24.

186

EL ROBO DEL FUEGO
Jeremiah Curtin, *Creation Myths of Primitive America*, «The Finding of Fire», pág. 365-370. He aclarado algún detalle concerniente a la identidad de los protagonistas del mito gracias a los comentarios que hace Edward Sapir a la versión del mismo cuento que incluye en su trabajo *Yana Texts*, pág. 161.

PIYA, EL HECHICERO
James R. Walker, *Lakota Myth*, «The Wizard and his Wife», págs. 118-130.

CÓMO LLEGÓ EL BUEN TIEMPO
H. R. Voth, *Traditions of the Hopi*, texto 84, «The Snakes and the Locusts», páginas. 217-220.

EL JAGUAR Y EL FUEGO
Cesáreo de Armellada, *Taurón Pantón*, «El tigre menos fuerte que el fuego, el aguacero, el rayo y el cangrejo», págs. 202-204. He tomado sólo uno de los episodios del cuento.

LA MUJER Y LOS RATONES
Siro Pellizzaro, *Mitología Shuar 8*, «Katip Najai», págs. 178-196. He tomado algún elemento de la versión que M. V. Rueda incluye en su libro *Sesenta mitos Shuar*, págs. 95-97.

EL ORIGEN DE LA NOCHE
León Cadogan, «Baio Kará Wachú», «La olla grande de Baio», págs. 51-52. He completado el cuento con la información que ofrece Pierre Clastres en su libro *Crónica de los indios guayaquis*, pág. 117.

KEMÁNTA
Johannes Wilbert, *The Folk Literature of the Selknam Indians*, texto 20, «The Story of the Dolphins», págs. 71-72.

BIBLIOGRAFÍA

Armellada, Cesáreo de, *Taurón Pantón: Cuentos y leyendas de los indios pemón*, Quito: Ediciones Abya-Yala, 1989. (La primera edición de este libro se publicó en Caracas, en 1964.)

Aung, Maung Htin, *Burmese Folk-Tales*, Calcuta: Geoffrey Cumberlege, Oxford University Press, 1948.

Balfour, Marie Clothilde, «Legends of the Cars», *Folk-Lore*, vol. II, 1891, páginas 145-170.

Berry, Jack, *West African Folktales*, edición a cargo de Richard Spears, Evanston: Northwestern University Press, 1991.

Bierhorst, John, *The Mythology of North America,* Nueva York: William Morrow, 1985.

Biesele, Megan, *Women Like Meat: The Folklore and Foraging Adaptation of the Kalahari Ju/'hoan*, Bloomington e Indianápolis: Witwatersrand University Press, Indiana University Press, 1993.

Bleek, Dorothea Frances, *The Mantis and His Friends: Bushman Folklore*, Ciudad del Cabo: T. Maskew Miller, [1923].

Bleek, Dorothea Frances y Edith Bleek, «Notes on the Bushmen», en Helen Tongue, *Bushman, Paintings*, Oxford: Clarendon Press, 1929, págs. 36-44.

Bleek, Wilhelm H. I. y Lucy C. Lloyd, *Specimens of Bushman Folklore,* Londres: George Allen, 1911.

Boas, Franz, *Tsimshian Texts*, Brighton, Michigan: Native American Book Publishers, s.f. (Este libro se publicó por primera vez en 1902.)

Briggs, Katharine, *British Folktales*, Nueva York: Dorset Press, 1988.

Cadogan, León, «Baio Kará Wachú y otros mitos guayakíes», *América Indígena*, vol. 22, 1962, págs. 39-82.

Clastres, Pierre, *Crónica de los indios guayaquis*, traducción de Alberto Clavería, Barcelona: Alta Fulla, 1986.

Codrington, R. H, *The Melanesians: Studies in Their Anthropology and Folk-Lore*, Oxford: Clarendon Press, 1891.

Curtin, Jeremiah, *A Journey to Southern Siberia: The Mongols, their Religion and their Myths*, Londres: Sampson Low, Marston & Co., s.f.

— *Creation Myths of Primitive America*, Londres y Edinburgo: Williams and Norgate, 1899.

— *Myths and Folk Tales of Ireland*, Nueva York: Dover, 1975. (Reimpresión facsímil, sin la introducción, del libro *Myhts and Folk-Lore of Ireland*, Boston: Little, Brown, 1890.)

Davenport, William H, «Marshallese Folklore Types», en *Journal of American Folklore*, vol. 66, 1953, págs. 219-237.

Dayrrell, Elphinstone, *Folk Stories from Southern Nigeria*, Londres: Longmans, Green and Co., 1910.

Dégh, Linda, *Folktales and Society: Storytelling in a Hungarian Peasant Community,* traducción de Emily M. Schossberger, Bloomington e Indianápolis: Indiana University Press, edición ampliada, 1989.

Delargy, James, «The Gaelic Storyteller», *Procedings of the British Academy,* vol. 31, 1945, págs. 177-221.

Dorson, Richard M, *Folk Legends of Japan*, Rutland y Tokyo: Charles E. Tuttle Company, decimosexta impresión, 1988.

Eliade, Mircea, *De Zalmoxis a Gengis-Khan: Religiones y folklore de Dacia y de la Europa Oriental*, traducción de J. Valiente Malla, Madrid: Ediciones Cristiandad, 1985.

Fison, Lorimer, *Tales from Old Fiji*, Londres: Alexander Moring Ltd., De la More Press, 1904.

Grey, Sir George, *Polynesian Mythology*, edición a cargo de W. W. Bird, Nueva York: Taplinger Publishing Co., 1970. (El libro apareció por primera vez en 1855.)

Gwyndaf, Robin, «A Welsh Lake Legend and the Famous Physicians of Myddfai», *Béaloideas*, vol. 60-61, 1992-1993, págs. 241-266.

Hanghe, Ahmed Artan, *Sheekoxariirooyin Soomaaliyeed. Folktales from Somalia*, Uppsala: Somali Academy of Sciences and Arts, Scandinavian Institute of African Studies, 1988.

Heizer, Robert F. y Theodora Kroeber, *Ishi the Last Yahi: A Documentary History,* Berkeley, Los Ángeles, Londres: University of California Press, 1979.

Honko, Lauri y Senni Timonen, Michael Branch y Keith Bosley, *The Great Bear: A Thematic Anthology of Oral Poetry in the Finno-Ugrian Languages*, Nueva York: Oxford University Press, Finnish Literature Society, 1994.

Hoogasian-Villa, Susie, *100 Armenian Tales and Their Folkloristic Relevance*, Detroit: Wayne State University Press, 1968.

Johnston, John William, *The Epic of Son-Jara: A West African Tradition*, Bloomington e Indianápolis: Indiana University Press, 1992

Landtman, Gunnar, *The Folk-Tales of the Kíwai Papuans*, Helsingfors: Acta Societatis Scientiarum Fennicae, vol., 47, 1917.

Li, Shujiang y Karl W. Luckert, *Mythology and Folklore of the Hui, a Muslim Chinese People*, traducciones de Fenglan Yu, Zhilin Hou y Ganhui Wang, Albany: State University of New York Press, 1994.

Nicoloff, Assen, *Bulgarian Folktales*, Cleveland: edición del autor, 1979.

Parker, Catherine, *Australian Legendary Tales*, Londres: David Nutt, 1896.

Pellizzaro, Siro, *Mitología Shuar 8: Nunkui, el modelo de la mujer Shuar*, Sucúa, Ecuador: Mundo Shuar, 1978.

Pentikäinen, Juha Y., *Kalevala Mythology*, traducción y edición a cargo de Ritva Poom, Bloomington e Indianápolis: Indiana University Press, 1989

Reichel-Dolmatoff, Gerardo, *Los Kogi,* Bogotá: Procultura, segunda edición, 1985.

Rhys, John. *Celtic Folklore: Welsh and Manx*, 2 vols., Oxford: Clarendon Press, 1901.

Rueda, M. V., *Setenta mitos Shuar*, Quito: Ediciones Abya-Yala, segunda edición, 1987.

Sapir, Edward, *Yana Texts*, University of California Publications in American Archaelogy and Ethnology, vol. 9, n.º 1, págs. 2-236, 1910.

Seki, Keigo, *Folktales of Japan*, traducción de Robert J. Adams, Londres: Routledge & Kegan Paul, 1963.

Tate, Henry, *The Porcupine Hunter and Other Stories*, edición a cargo de Ralph Maud, Vancouver: Talonbooks, 1993.

Turnbull, Colin M., *The Forest People*, Nueva York: Simon & Schuster, 1968.

— «Legends of the BaMbuti», *Journal of the Royal Anthropological Institute*, vol. 89, 1959, págs. 45-60.

Voth, H. R., *The Traditions of the Hopi*, Chicago: Field Columbian Museum, 1905.

Walker, James R., *Lakota Myth*, edición a cargo de Elaine A. Jahner, Lincoln y Londres: University of Nebraska Press, 1989.

Wilbert, Johannes (ed.), *The Folk Literature of the Selknam Indians: Martin Gusinde's Collection of Selknam Narratives*, Los Angeles: UCLA Latin American Center Publications, University of California, 1975.

Williams, John («Ab Ithel»), *The Physicians of Myddvai. Meddygon Myddfai*, traducción de John Pughe, Llandovery: Welsh Manuscript Society, 1861.

Zong, In-Sob, *Folk Tales from Korea*, Londres: Routledge & Kegan Paul, 1952.